O Cavaleiro Negro

Arlindo Veiga dos Santos e a Frente Negra Brasileira

O Cavaleiro Negro

Arlindo Veiga dos Santos e a Frente Negra Brasileira

Teresa Malatian

Copyright © 2015 Teresa Malatian

Grafia atualizada segundo o Acordo Ortográfico da Língua Portuguesa de 1990, que entrou em vigor no Brasil em 2009.

Edição: Joana Monteleone/ Haroldo Ceravolo Sereza
Editor assistente: Gabriel Patez Silva
Projeto gráfico e diagramação: Gabriel Patez Silva
Capa: Gabriel Siqueira
Assistentes de produção: Cristina Terada Tamada
Revisão: Ana Lígia Martins
Assistente acadêmica: Bruna Marques

Imagem da capa: Retrato de Arlindo Veiga dos Santos no jornal O Clarim d'Alvorada, 1926.

Este livro foi publicado com o apoio da Fapesp

CIP-BRASIL. CATALOGAÇÃO NA PUBLICAÇÃO
SINDICATO NACIONAL DOS EDITORES DE LIVROS, RJ

M197c

Malatian, Teresa M. (Teresa Maria)
O CAVALEIRO NEGRO : ARLINDO VEIGA DOS SANTOS E A FRENTE NEGRA BRASILEIRA
Teresa Malatian. - 1. ed.
São Paulo: Alameda, 2015.
306 p. : il. ; 21 cm.

Inclui bibliografia
ISBN 978-85-7939-331-0

1. Negros - Brasil - Condições sociais. 2. Negros - Identidade racial - Brasil. 3. Movimentos sociais - Brasil - História. 4. Brasil - Relações raciais - História. I. Título.

15-24628   CDD: 323.11960981
                CDU: 323.13(81)

ALAMEDA CASA EDITORIAL
Rua Conselheiro Ramalho, 694 – Bela Vista
CEP 01325-000 – São Paulo – SP
Tel. (11) 3012-2400
www.alamedaeditorial.com.br

Sumário

Prefácio 7

Apresentação 13

Aspirações 21

Intelectuais negros 39

Centro Cívico Palmares 51

Patrianovista 69

Clarinadas monarquistas 87

Congresso da Mocidade Negra 109

Frentenegrino 121

Legião de Deus 143

Isaltino e a Chibata de Faíscas Verbais 155

As listas da bandeira de São Paulo 165

A MISSÃO DE EDUCAR 185

CORTIÇOS E PORÕES 203

ATRAÇÃO DO SIGMA 213

CANDIDATO 231

O FRENTEVEIGUISMO 251

NOVOS RUMOS: 1934-1937 273

O DESFECHO DE UMA MILITÂNCIA 287

FONTES E BIBLIOGRAFIA 291

AGRADECIMENTOS 301

PREFÁCIO

A historiadora Teresa Malatian é reconhecida pela alta qualidade das pesquisas que empreende e fidelidade a temas ainda pouco explorados, o que valoriza sobremaneira os livros e artigos que publicou. Com brilhantismo, vem se preocupando com o movimento político e intelectual da primeira metade do século XX, em especial vertentes do conservadorismo brasileiro e do catolicismo ultramontano. Seus textos estendem-se também por áreas da historiografia, do ensino e da educação brasileiras.

Em consistente *Apresentação* a autora vincula a temática escolhida – Arlindo Veiga dos Santos e a Frente Negra Brasileira – ao conjunto de sua produção, demonstrando claramente que sua competência se sedimenta em sólida experiência no ofício de historiadora. Publicou trabalhos sobre Ação Patrianovista brasileira e a retomada dos contatos da família imperial com o Brasil consolidada na visita de Dom Luís de Orleans e Bragança, portanto, ninguém melhor teria tantos conhecimentos para estudar o monarquismo popular no interior do movimento negro e na contra-corrente da historiografia que tem visto o monarquismo sob a ótica da atuação da elite política.

O livro analisa a trajetória intelectual e política de Arlindo Veiga dos Santos que, desde muito jovem, esteve comprometido com o catolicismo ultramontano, o monarquismo e a causa da integração social da população negra. Sob a pespectiva da nova história política, revive com cores vibrantes questões identitárias desse decisivo período da luta pela superação da discriminação e do preconceito, recompondo as redes de sociabilidade das organizações político-religiosas e da imprensa negra em São Paulo nas décadas de 1920 e 1930.

Veiga dos Santos atribuia à princesa Isabel absoluta responsabilidade pela Abolição; à religião católica, a civilização e a moralidade social; aos fazendeiros, a crueldade e o prolongamento da escravidão; à república, a omissão pelo abandono da população negra e aos emigrantes a ocupação dos melhores empregos no mercado de trabalho e difusão de ideologias estrangeiras como o anarquismo, o comunismo e o ateísmo. Esse conjunto de ideias norteou a maioria dos jornais e grupos que formavam a ala conservadora do movimento.

No centro da biografia de Arlindo Veiga dos Santos está a militância que sempre exerceu na Frente Negra Brasileira, a mais importante associação que propugnou pelos direitos socio-raciais. Uma das muitas virtudes do estudo em pauta é ampliar consideravelmente a compreensão da sociedade paulista ao revelar o alcance e a dinâmica do movimento negro em período de agitação ideológica e revolucionária. Socialistas e comunistas sempre se opuseram às ideias do monarquismo conservador e católico de Veiga dos Santos.

O desenvolvimento da industrialização no Brasil após a Primeira Guerra Mundial e o consequente crescimento do capital industrial e comercial, combinados com a ampliação das classes médias e do proletariado urbano, tornaram-se elementos fundamentais para a compreensão dos confrontos polítios que agitaram o Brasil nessa época:

os movimentos de 1924, 1930 e 1932, o levante de 1935 e o golpe de1937 tiveram profundas consequências na história do movimento negro, criando profundas dissensões entre as lideranças, mas, talvez, justamente por isso reacendeu o vigor da contestação.

Apesar de terem poucos integrantes, surgiram milícias negras de vários matizes: integralistas, monarquistas-patrianovistas e cristãs postulavam por um Estado autoritário, e disciplinado, inspirados no modelo fascista; grupos comunistas e socialistas guiavam-se pelos princípios da revolução de 1917. Em diversas ocasiões muitos sofreram prisões e torturas, tendo vários de seus jornais sido empastelados e, posteriormente, fechados.

Muitas contradições assolaram o movimento negro. Os militantes ora se encontravam à direita, ora à esquerda. A cada uma das conflagrações, o campo político se reajustava ou se desequilibrava em razão de novos confrontos; o exemplo mais claro foi em 1932 quando o grupo de Arlindo Veiga dos Santos colocou-se contra a revolução constitucionalista paulista e definiu-se a favor do governo federal, como consequência, em 1933, candidatou-se mas não conseguiu se eleger.

Os estudos sobre a imprensa negra têm enfatizado a pequena duração dos periódicos justificando assim o aspecto fragmentário da fonte e a dificuldade em compreendê-la. No entanto, a pesquisa da autora demonstra que tal impressão nem sempre se justifica, porque a repressão fechava os jornais, mas os militantes não desistiam e fundavam outro com nome diferente mas com a mesma temática e posição: luta pela escolarização, pela profissionalização, pelos bons costumes e pela erradicação do preconceito e da exclusão.

Quando o golpe de 1937 fechou jornais e clubes voltados para a defesa da causa negra cerrou também as portas da Frente Negra Brasileira, extinguindo todas suas atividades como classes de alfabetização, aconselhamento para conseguir documentos e empregos, festas comemorativas, publicações e bailes, pode-se dizer que uma fase fundamental do movimento foi sepultada. A partir de então, Arlindo Veiga dos Santos dedicou-se principalmente ao magistério universitário católico e a escrever peças literárias em prosa e poesia.

O original trabalho realizado por Teresa Malatian conseguiu desvendar o dinamismo do movimento negro monarquista e inclui-lo necessariamente na área de estudos dos movimentos sociais, lugar de onde tinha sido excluído.

Maria de Lourdes Monaco Janotti
Professora Emérita da Universidade de São Paulo

Apresentação

Já era tempo de se destacar na história do movimento negro o tema do monarquismo popular urbano. Diversos trabalhos têm apontado a existência dessa concepção da política para além de Canudos, a emblemática manifestação de messianismo que mobilizou populações rurais, ao lado do caso sempre lembrado do Contestado. Igualmente ele se distingue do monarquismo que mobilizou setores da burguesia e das classes médias em torno da proposta de restauração do trono no Brasil republicano.

Uma primeira aproximação desse tema foi feita ao longo dos anos em que a Ação Imperial Patrianovista Brasileira ocupou minha vida acadêmica, sem que a ocasião se apresentasse para ir mais fundo nessa dimensão do ativismo do "cavaleiro negro", Arlindo Veiga dos Santos, que com seu ímpeto de cruzado defendeu uma ordem política monárquica e católica para o Brasil. À professora Maria de Lourdes Mônaco Janotti fica o crédito, entre outros, por ter argutamente levantado, já naquela época dos estudos do doutorado,[1] a pista que ficou sem resposta: "já há elementos para se falar de um monarquismo popular no Brasil".

---

1   *Os Cruzados do Império*. São Paulo, FFLCH/USP, tese de doutorado, 1988.

Mais recentemente, o estudo sobre o movimento monarquista nas décadas iniciais da República e sobre a atuação política de D. Luís de Orléans e Bragança[2] (filho da princesa Isabel e do conde d'Eu, neto de D. Pedro II) fortaleceu a hipótese de que valia a pena trabalhar a temática que ora se apresenta, especialmente por ser tratada de forma lacunar ou comumente depreciativa, uma vez que esta tem sido a tônica da perspectiva militante dos atuais movimentos e organizações de afrodescendentes, nos quais predomina o desejo de apagar o que é considerado um desvio da verdadeira luta dos libertos por sua inserção social em pé de igualdade com os demais componentes da sociedade brasileira.

A perspectiva aqui adotada, de inserção do tema nos estudos de cultura política, traz novas possibilidades analíticas ao estabelecer diálogo com outras correntes e manifestações políticas ramificadas no cotidiano da Frente Negra Brasileira. A valorização dos intelectuais também constitui um dos eixos norteadores desta análise e permite alcançar por meio do estudo de manifestos e da imprensa seu desempenho não apenas como formuladores de propostas mas também de "despertadores", que "representaram um fermento para as gerações intelectuais seguintes exercendo uma influência cultural e mesmo às vezes política" na perspectiva apontada por Sirinelli.[3] Os prontuários do DEOPS que documentam sua passagem pelas malhas do controle policial guardam traços de suas atividades políticas.

A Frente Negra Brasileira foi uma organização que entre 1932 e 1937 buscou reunir a população negra na cidade de São Paulo para defesa da chamada "segunda abolição", a qual deveria resultar na

---

2   Id. D.*Luís de Orléans e Bragança, peregrino de impérios*. São Paulo: Alameda/Fapesp, 2010.

3   SIRINELLI, Jean-François. "Os Intelectuais". In: RÉMOND, René (org.). *Por uma história política*. 2.ed., Rio de Janeiro: Fundação Getúlio Vargas, 2003, p. 231-270 e especificamente p. 246.

superação do preconceito e, consequentemente, na sua integração, com plenos direitos, na sociedade brasileira. Da capital irradiou-se para o interior e para outros estados, num contexto de polarização ideológica entre os movimentos e partidos políticos norteados pelo socialismo ou comunismo e aqueles inspirados no fascismo. O confronto se fez presente também nessa organização, pois em todos os matizes políticos o protesto negro contra as iniquidades sociais esteve presente, como apontou de modo lapidar Florestan Fernandes ao identificar nesse contexto "uma insubordinação surda e insufocável contra as debilidades mais profundas do sistema de relações raciais" vigentes no Brasil. A solução foi buscada por vários caminhos e a luta levantava sempre as bandeiras da educação, dignidade de tratamento e igualdade de oportunidades no mercado de trabalho.[4]

A atuação de Arlindo Veiga dos Santos nesse meio não pode ser desvinculada de sua adesão profunda ao catolicismo militante de inspiração antiliberal, que pautou a conduta de fiéis engajados na "recatolização" do Brasil. As congregações marianas e a Irmandade de Nossa Senhora do Rosário dos Homens Pretos tiveram peso considerável nesse percurso ao promoverem estudos, debates e delinearem de estratégias da ação.

A imprensa negra constitui uma das principais referências no presente estudo por sua relevância incontestável na expressão das culturas políticas presentes no movimento negro nas décadas de 1920 e 1930. Os jornais não apenas falavam de política mas registravam fatos da vida cotidiana e na pluralidade de temas abordados, davam vazão ao protesto dos negros na sociedade pós-abolição.

4 FERNANDES, Florestan. *A integração do negro à sociedade de classes*. São Paulo: Edusp, 1965, p, 2. A obra foi reeditada diversas vezes, no formato em 2 volumes.

O critério de seleção dessas fontes preciosas, guardadas em arquivos digitalizados, foi pautado pela atuação de Arlindo Veiga dos Santos como colaborador (*Progresso* e *O Clarim d'Alvorada*) e fundador (*A Voz da Raça*) de jornais. Outros periódicos não podem ser esquecidos, ainda que não diretamente relacionados ao tema: *O Menelick, O Xauter, O Alfinete, O Kosmos, Getulino* (Campinas), *Auriverde*, editados ou em circulação na cidade de São Paulo. Foram efêmeros, com tiragem reduzida e resultaram de enormes esforços e sacrifícios pessoais de grupos de intelectuais negros que haviam conseguido educação formal e empregos no setor de serviços, indícios da existência, já nessa época, de uma incipiente classe média negra.

Séries incompletas desses jornais foram localizadas no Arquivo do Estado de São Paulo e no CEDIC/PUCSP, de fácil acesso, ao contrário da documentação de outra natureza – cartas, panfletos, fotos – dispersa em arquivos particulares. No arquivo pessoal de Arlindo Veiga dos Santos foram localizadas fontes fundamentais para o estudo da Frente Negra Brasileira ainda que não se pudesse com elas suprir a perda dos arquivos da entidade que ocorreu quando ela foi fechada em 1937, em decorrência da lei que proibia a existência de partidos políticos, sua organização formal adotada desde 1936.

O fato de ter se transformado em partido político, ainda que curta duração, sinaliza sua relevância no movimento negro e a diferenciação que alcançou ao ultrapassar o associativismo recreativo e canalizar suas reivindicações para a arena política. Nessa época Arlindo já não dirigia mais a entidade, porém estava nela presente e mantinha seu lugar de prestígio.

É por meio da imprensa que se pode verificar a existência de um monarquismo popular, específico do meio negro, que elegeu a abolição como momento decisivo para a reverência à princesa Isabel e à divulgação do valor do Império como regime adequado ao Brasil. Nesses jornais, artigos e ilustrações sugerem as diversas interpretações do Treze de Maio e da atuação de D. Isabel como responsável pelo fim do cativeiro, mas também se encontram defensores da interpretação do processo abolicionista como fruto da atuação dos negros revoltados, reunidos em quilombos, e de lideranças consagradas, desde o mítico Zumbi até os abolicionistas como Luís Gama e José do Patrocínio, principais referências nesse percurso memorialístico.

Capítulo 1 - Aspirações

DUAS ASPIRAÇÕES

A primeira seria unicamente
Ser um monge, um silente solitário,
Em oração mental continuamente
Fazendo dalma um divinal sacrário.
E, ali, do mundo,
Não entraria
nem a alegria,
nem nada imundo.
A segunda seria, unicamente,
ser um profundo e virgem sonhador
que pensasse um programa fundamente,
para tornar-se assim reformador;
que manejasse, a-par do pensamento,
as armas belicosas do guerreiro
e, depois de alcançar o nobre intento,
morresse na batalha sem ter glória,
sem fama, sem saudade, sem memória,
sem túmulo, sem cruz, sem monumento.
E a sepultura
Nunca lhe diria
Em romaria
Tanta loucura.[1]

---

1   SANTOS, A.V. dos. "Trailer" literário de Incenso da minha miséria. São Paulo, 1941.

O poema-caligrama em forma de cruz de Lorena expressa a definição autobiográfica que Arlindo José Veiga dos Santos desejou legar à posteridade e orientou sua trajetória de "cruzado". Em sua vida e na representação que dela construiu, a espiritualidade e a combatividade integraram-se em um amálgama de ativista político batalhador em diversas frentes para afinal cair no esquecimento, *damnatio memoriae*,[2] após décadas de vida ativa de reflexão, escrita e militância no movimento integracionista de negros e no monarquismo.

Nasceu na cidade paulista de Itu, em 12 de fevereiro de 1902, numa família humilde. De sua infância restaram poucos testemunhos, salvo que cursou as primeiras letras em escola pública, no Grupo Escolar Dr. Cesário Mota, entre 1909 e 1913. Já o curso ginasial foi feito durante os anos da Primeira Guerra Mundial, entre 1914 e 1917, no Colégio São Luís, onde seu pai João Benedito dos Santos exercia o ofício de cozinheiro. O colégio havia sido fundado em 1867 por jesuítas italianos e sob o patrocínio de São Luís Gonzaga funcionava em regime de internato para meninos. Pode-se supor as dificuldades encontradas ali pelo rapaz Arlindo, negro de origem humilde, estudante por benemerência dos padres entre os filhos de cafeicultores e comerciantes, a elite econômica, social, política e cultural da região.

Sua adolescência foi moldada pela pedagogia inaciana no amplo edifício de duplo panóptico que abrigava duas igrejas, salas de aula, laboratórios, torre de observação astronômica, salão de festas e teatro, refeitório, dormitório, além de vasta área de "chácara" com pomar e horta. O *Ratio Studiorum* codificava o sistema educacional jesuíta que visava formar integralmente o homem cristão, atualizado na cultura de seu tempo, com atenção a todas as dimensões do indivíduo,

---

2   *Damnatio memoriae* era praticada na Roma Antiga, mediante condenação pelo Senado de um indivíduo ao esquecimento, ao apagamento da memória e da História. (N.A.)

inclusive a afetividade. Este projeto pedagógico era presidido pela catequese, porém teoria e prática nele estavam interligados como reflexão e ação, que constituía a meta do processo educacional voltado para a maior glória de Deus (AMDG). A inculcação de valores se fazia também pela assistência diária às missas e pelas confissões, ao menos mensais.

Os valores da pedagogia inaciana estruturavam-se com recurso a normas bastante definidas: disciplina rígida, obediência aos mestres e respeito à hierarquia. *Religioni et Bonis Artibus* anunciava o dístico que no salão de honra encimava o palco do Colégio São Luís com o resumo do ensino ali ministrado. Religião e cultura, na educação direcionada para as primeiras letras, ler, escrever e contar, depois ciências e ênfase em Teologia (Sagrada escritura), Filosofia e Humanidades (História e Geografia). O teatro pedagógico, utilizado pela Companhia de Jesus desde o início da colonização para catequese dos índios, era praticado juntamente com a arte da oratória, para "fortalecer a memória, educar a voz, apurar a dicção, aprimorar os gestos e habituar o jovem a enfrentar o público".[3] A ênfase indica claramente o objetivo de preparação de elites intelectuais e políticas para atuarem na sociedade brasileira.

Os jesuítas desenvolveram intenso apostolado no campo da cultura, que incluía o controle do acesso a livros e peças teatrais segundo o crivo da moral católica. Aos alunos eram proibidas a leitura

3 GUIMARÃES, Cristiane. A cartilha dos jesuítas. *Campo & Cidade*, Itu, n. 52, dez. 2007/jan. 2008, p. 30-34, p. 33. Em 1918 o terreno e as instalações do Colégio São Luís foram vendidas ao Exército brasileiro, que até hoje ocupa o local com uma unidade militar, o 2° Grupo de Artilharia de Campanha Leve – Regimento Deodoro. Uma das igrejas foi demolida para dar lugar a um pátio de manobras, mas permanece intacta a igreja de São Luís Gonzaga, de grande beleza arquitetônica e artística.

de "livros inconvenientes" e assistência a espetáculos teatrais julgados prejudiciais à honestidade e aos bons costumes. A seriedade e a constância nos estudos baseados na repetição completavam a formação humanística. A educação ali recebida pelo jovem Arlindo marcou-o definitivamente em termos de valores, visão de mundo e projeto de vida, deu-lhe uma bagagem intelectual e o desembaraço para atuar com destaque nos espaços de sociabilidade em que se inseriu já na vida adulta.

O Colégio São Luís mantinha uma congregação mariana à qual provavelmente Arlindo se integrou, pois os meninos com cerca de onze anos de idade já eram admitidos nas falanges marianas e nelas recebiam formação religiosa complementar. O ingresso na congregação era marcado pela consagração do jovem à Virgem Maria, por toda a sua vida, bem como pelo compromisso de ter uma vida modelar para os outros indivíduos, em busca da pureza e do permanente combate contra o mal. Formavam-se nessas associações leigos preparados para atuar nas falanges prontas a combater pelo catolicismo, muito difundidas nos colégios jesuítas da época. Esta inserção persistiu ao longo da vida de Arlindo, acompanhada pelo apego à hierarquia, forte devoção mariana e intensa atividade apostólica. Os hinos, os cânticos, mas sobretudo os fundamentos ou regras contribuíam para a formação dessas milícias religiosas orientadas pelo espírito militar, regidas por estrita disciplina obtida e mantida pelos exercícios espirituais de Santo Inácio de Loiola (exame de consciência, meditação e contemplação).

Tais práticas marcaram profundamente a personalidade e os valores introjetados por Arlindo e o encaminharam para a política e a vida associativa. Permitiram-lhe também iniciar-se ainda adolescente nas letras e no jornalismo com a colaboração nos jornais locais *A Bomba* (manuscrito) e *A Cítara*. *A Federação*, editado pela paróquia de Nossa Senhora da Candelária de Itu, contou com seus artigos em 1920-23, sempre sobre temas religiosos e poesias, em especial na série "Diálogos".

Em 1917, ano da greve geral de trabalhadores em São Paulo e da Revolução socialista na Rússia, divulgaram-se as aparições da Virgem Maria aos pastores em Fátima (Portugal), com suas profecias e segredos a reavivar a fé diante da perspectiva do apocalipse, alimentada pela longa e sangrenta Guerra Mundial. Em meio a essas convulsões, um fato marcante para a família Veiga dos Santos foi a transferência do Colégio São Luís para a capital do Estado, em busca de mais alunos. A instalação na Avenida Paulista, em meio aos casarões e palacetes dos barões do café, então no auge de sua pujança econômica, política, social e cultural, abriu para os jesuítas novas possibilidades de manutenção da obra educadora ameaçada pela escassez de alunos matriculados em Itu.[4]

Mas para a família Veiga dos Santos essa reviravolta foi problemática e trouxe insegurança econômica. O jovem Arlindo conseguiu ainda estudar no Ginásio Nossa Senhora do Carmo, dos padres carmelitas, graças à iniciativa protetora dos professores José Leite Pinheiro e José Esteves Carramenha. É possível que ao frequentar este colégio, para concluir o curso ginasial, tivesse sido encaminhado ou se sentido atraído para a formação sacerdotal, como ocorria com os que ali estudavam e eram estimulados a seguir a carreira sacerdotal no seminário anexo. Se houve tal apelo, não foi levado adiante.

O certo é que não obstante a origem humilde, pois a mãe Josefina Veiga dos Santos exercia a profissão de cozinheira em casas

---

4   PEREIRA, Viviane e MORENO, Montserrat. *Colégio São Luís 140 anos: a educação e os jesuítas no Brasil*. São Paulo: Tempo & Memória, 2007.

de famílias, Arlindo conseguiu fazer os cursos primário e ginasial,[5] teve boa formação escolar, assim como seu irmão Isaltino Veiga dos Santos, um ano mais velho que ele, nascido em 1901. Já suas irmãs (ao menos duas) não tiveram a mesma oportunidade e tornaram-se costureiras. Tudo indica a grande valorização dos estudos formais pela sua família, que conseguiu por sua inserção no meio católico encaminhar os dois meninos para os estudos, algo notável para sua época e para o meio. Mas a história de seus pais e de sua família não foi compartilhada por Arlindo com seus leitores, já que não deixou registros autobiográficos sobre sua vida privada.

Na pequena cidade do interior de São Paulo, onde a presença do catolicismo dominava o universo cultural, Veiga dos Santos construiu vínculos que o marcaram por toda a vida. Uma nova etapa de sua vida foi iniciada em 1918, quando a família transferiu-se para a capital do Estado.

Abriram-se na cidade de São Paulo novos horizontes para o adolescente Arlindo, sem que se distanciasse do meio católico. Ao contrário, protegido pelo mecenato da Igreja, conseguiu matricular-se em 1922, aos vinte anos de idade, na Faculdade de Filosofia e Letras de São Paulo e ali obter quatro anos depois o grau de bacharel em Filosofia. Este período de sua formação merece um olhar mais detalhado pois nele ocorreu a adesão a valores e projetos, além da constituição de sociabilidades decisivas para a atuação política que se seguiria.

Essa Faculdade atuou de modo destacado na formação da intelectualidade católica durante a Primeira República, atendendo à estratégia da Igreja de utilizar o ensino superior para sua expansão. A instituição originou-se na Faculdade de Filosofia de São Bento,

---

5 Ofício de Armando Franco Soares Caiuby a Egas Botelho, São Paulo, 31 jan. 1939, arquivo DOPS/SP/AESP, prontuário 2018.

fundada em 1908 por D. Miguel Kruse e filiada à Universidade de Louvain na Bélgica em 1911.[6] Inseriu-se no movimento de recuperação e atualização da filosofia de Santo Tomás de Aquino, iniciada por Leão XIII com a encíclica *Aeterni Patris* (1879) e que resultou na elevação do "doutor angélico" à condição de patrono de todas as escolas católicas. A partir da publicação dessa encíclica teve início um movimento de recuperação do tomismo e de sua adaptação à sociedade contemporânea, como resposta ao "mundo moderno". A ele o neotomismo opunha uma visão do mundo que embasou uma proposta política alternativa ao liberalismo, ao anarquismo, ao socialismo e ao comunismo. O retorno à filosofia tomista significou uma resposta aos problemas enfrentados pelo catolicismo no final do século XIX: a origem e a legitimidade do poder, a melhor forma de governo, as relações entre Igreja e Estado, o estatuto do trabalho. Sobretudo, ao revigorar uma visão de mundo medieval, a Santa Sé procurou, no recurso à tradição medieval, uma filosofia que servisse à fé sem confrontar a ciência.

Na Faculdade de Filosofia e Letras de São Paulo, desde 1922 houve intensa atividade que a caracterizou como centro de cultura tomista, no qual se destacaram os professores Leonardo Van Acker e Alexandre Correia. A filiação de Veiga dos Santos a essa Faculdade, num contexto de grande vigor intelectual, resultou na adesão ao neotomismo, o qual fundamentou sua visão de mundo e seu pensamento político e social voltado para a defesa de uma monarquia corporativista, como única saída para a "desordem" republicana. Acabou traduzindo a obra de Santo Tomás *Do governo dos príncipes ao Rei de*

---

6 A Faculdade de Filosofia e Letras de São Paulo integrou-se em 1946 à Pontifícia Universidade Católica de São Paulo.

Cipro e do governo dos judeus à duquesa de Brabante, publicada em 1937 com prefácio de Leonardo van Acker.

Nessa época de estudante universitário, intensificou-se sua atividade jornalística e Arlindo tornou-se colaborador da revista acadêmica *Filosofia*, editada pelo Centro "D. Miguel Kruze". Formou-se ali um núcleo de amizades intelectuais que persistiriam por toda a vida e se ramificariam em diversos locais de sociabilidade católica, entre eles as congregações marianas, o Centro D. Vital e o movimento negro. Ruy Barbosa de Campos, Sebastião S. Pagano, José Carlos de Ataliba Nogueira e Manuel Marcondes Rezende já se destacavam nos meios intelectuais e políticos católicos e com eles formava-se a roda de sociabilidades de elites católicas à qual Arlindo se integrou.

Na década de 1920, o movimento mariano estava em ascensão no país, atendendo à diretriz do Vaticano no sentido de expansão do catolicismo, como resposta à secularização das instituições. Visava criar uma nova cristandade ao mobilizar o laicato, ao qual fora atribuída a missão de complementar a ação do clero. Com Pio XI incentivara-se a devoção à Virgem Maria, impulsionada a partir de 1926 com a publicação de obras mariais de caráter teológico, entre as quais se destacavam as do cardeal Mercier, da Bélgica. Arlindo inseriu-se em redes de sociabilidade centradas na Congregação Mariana da Igreja de Santa Ifigênia em São Paulo, onde integrou o Centro de Estudos Marianos "D. José de Camargo Barros", que promovia discussões sobre política e cultura entre jovens universitários dirigidos pelo bispo D. Gastão Liberal Pinto.

Tanto as congregações marianas quanto a Faculdade de Filosofia e Letras de São Paulo integraram a estratégia da "reação" essencialmente cultural, adotada pela Igreja Católica nos anos 1920, orientada pelo arcebispo D. Sebastião Leme, a qual se ramificava em centros de estudos teológicos e filosóficos, conferências sobre temas religiosos, cursos de teologia para leigos, edição de jornais e revistas. Tal estratégia significava a tentativa da inserção do catolicismo em áreas consideradas cruciais, como o sistema de ensino, os circuitos de produção cultural e os campos institucionais que abrigassem intelectuais, combatendo a política educacional que implantara com a República o ensino dissociado da religião.

O centro D. Vital de São Paulo reunia em outra dimensão, a dos estudos filosóficos, políticos e sociológicos, esses jovens intelectuais católicos espicaçados pelos grandes acontecimentos que se deram no contexto da Primeira Guerra Mundial e do pós-guerra: a desagregação dos impérios centrais europeus da Alemanha e da Áustria-Hungria, o fim do império russo com a revolução socialista, e no contexto nacional, a contestação à dominação oligárquica numa década marcada pelas rebeliões tenentistas, pelo movimento operário socialista e anarquista e pela fundação do Partido Comunista. Não menos importante, a ascensão dos movimentos autoritários e a primeira configuração do fascismo despontavam na Europa.

Arlindo dedicava-se nessa época a escrever obras literárias e já evidenciava engajamento como militante do catolicismo, em projeto ainda pouco desenvolvido mas que se formava e consolidava em direção ao nacionalismo, com entusiasmo juvenil. Aos dezenove anos de idade havia publicado a primeira parte da novela *Os filhos da cabana ou no fundo dos sertões*.[7] O acolhimento da obra pela Livraria Salesiana Editora confirma sua inserção nos meios intelectuais católicos.

O que se seguiu foi lapidação, burilamento de uma estrutura já traçada em suas linhas gerais. Ali já se encontrava em germe sua visão da identidade nacional, da História e da política, como *leitmotiv* para a novela/conto/romance, onde buscou construir uma interpretação

---

7 SANTOS, A.V. dos. *Os filhos da cabana,II*. São Paulo: Livr. Editora Salesiana, 1923.

da nacionalidade na perspectiva corrente da composição tripartite das três raças – o índio, o branco português e o negro – que se consolidara na interpretação da História do Brasil com a obra de Francisco Adolfo de Varnhagen.

O indianismo de José de Alencar marcou presença nesta primeira obra até pelos nomes dos personagens, como Ceny, em visão romântica e positiva do índio aperfeiçoado, "civilizado" pelo cristianismo e pela ação dos padres missionários. O *Guarani* e *I Juca-Pirama*, de José de Alencar e até mesmo o libreto da ópera *O Guarani* de Carlos Gomes espreitam o leitor nas entrelinhas do texto enaltecedor da "raça brasílica", emblematizada pelos personagem Peri e Ceci e pelos guaranis que se deixaram civilizar, contrariamente aos tapuias antropófagos e irredutíveis aos valores da cultura do colonizador. Em estado de natureza, os índios descritos por Arlindo são dotados de qualidades positivas como a valentia e a boa índole.

Já o negro como componente da nacionalidade brasileira, contrariamente ao esperado, teve presença tímida no enredo, embora sempre em perspectiva de denúncia das injustiças da escravidão. Por meio do personagem Protógenes, Arlindo abordou a crueldade dos fazendeiros contra os escravos e construiu uma visão positiva dos negros como raça: "Por todos os respeitos generosa, por todos os lados nobre, era a raça escrava. Na dor amava, e de amor se sacrificava espontaneamente",[8] pouco conservava na memória dos sofrimentos do passado cativo cessado pelo Treze de Maio. Quando libertos, teriam ficado "presos ao antigo senhor pelos laços do amor",[9] esta foi sua mensagem romântica, provavelmente autobiográfica, sobre a situação criada com a Lei Áurea.

---

8   Ibidem.
9   Ibidem.

O terceiro elemento da nacionalidade apresentado na obra, o português, trouxera a religião, a civilização e o Estado monárquico ao país da Crucilândia. Por meio do personagem doutor Ricardo, Arlindo passava sua proposta política: "Sou monarquista e sê-lo-ei até a morte, e ninguém me convencerá de que penso mal".[10] Um Império Brasileiro idealizado, governado por um imperador sábio e bom administrador, com homens de estatura moral, honradez, austeridade, nobreza, generosidade. Já a República, originária dos romanos, teria vindo da França para atentar contra a religião e os bons costumes, ao permitir a venda de "livros imorais, incendiantes, revolucionários",[11] a circulação de jornais igualmente perniciosos e a difusão de religiões desmoralizadoras e condenáveis como o espiritismo e o protestantismo iconoclasta de Lutero. Não menos ameaçadora lhe parecia a introdução da "questão social que outra coisa não é senão a irreligião e a cegueira das resoluções libertárias das classes trabalhadoras",[12] que deveria ser resolvida pelas associações cristãs de operários.

O nacionalismo católico forneceu os alicerces dessa obra, sem se distanciar do nacionalismo laico que interpretava a nacionalidade brasileira como amálgama harmônico das três raças. A inovação vinha do catolicismo apresentado como responsável pelas mudanças históricas ocorridas sem derramamento de sangue, como a Abolição realizada pela princesa Isabel e sua decorrência natural, a República. A comparação com o processo abolicionista conflituoso ocorrido nos Estados Unidos foi o argumento chamado para reforçar a tese da boa índole do povo brasileiro e do amálgama das três raças, com a inclusão do caboclo. Já os "estrangeiros", isto é, os brancos de origem não

10 Ibidem.
11 Ibidem.
12 Ibidem.

lusitana, são excluídos da nacionalidade e de seu padrão civilizatório, construída no contra fluxo da exaltação de Paris que inebriava setores da elite paulistana.

Arlindo ainda não havia definido o rumo de sua pena para um projeto político estruturado, mas já se identificava em 1924 como militante católico, defensor da

> Ordem Nova cristã, contra o imperialismo estrangeiro intelectual, econômico (isto é, financeiro, industrial, comercial) e político – ordem essa anti-cosmopolita, anti-maçônica, anti-liberal, anti-democrática, anti-parlamentar e anti-partidarista".[13]

Seu discurso mantinha-se afinado com a crítica anti-oligárquica à República e o pensamento nacionalista.

Seu anseio reformista foi então canalizada para o Partido da Mocidade, ao qual aderiu em decorrência da revolução de 1924, que tornou a cidade de São Paulo palco de saques e penúria de alimentos. Nem mesmo a igreja de Santa Ifigênia fora poupada pelos bombardeios. Movimento de curta duração, restrito no espaço, esta revolta contou inclusive com a participação de operários, principalmente estrangeiros, teve grande impacto sobre a população e recebeu a condenação da Igreja defensora da ordem: "a pior legalidade ainda é melhor que a revolução",[14] afirmou o líder católico Jackson de Figueiredo aos associados do Centro D. Vital, em 1925.

Ao enveredar pela proposta saneadora da ordem política, a rebelião contribuiu para avolumar a dissidência oligárquica que afastava

---

13 Ibidem.
14 FIGUEIREDO, Jackson de. A coluna de fogo. Rio de Janeiro: Centro D.Vital, 1925.

os descontentes do Partido Republicano Paulista (PRP), entre eles os que formaram, em 1925, o Partido da Mocidade, cujo programa propunha o retorno ao ideário do Manifesto Republicano de 1870 como solução para a mentira eleitoral, o predomínio do poder Executivo, o domínio das oligarquias, a falta de justiça. O partido apontava a necessidade de se "organizar as classes conservadoras e proletárias; criar caixas de aposentadoria e pensões para todas as classes laboriosas, proteger o cooperativismo",[15] além de uma aproximação com os países latino-americanos, temas que iriam ressurgir e permanecer no contexto mais abrangente do projeto político nacionalista católico de Veiga dos Santos.

---

15 CARONE, Edgard. *A República Velha (instituições e classes sociais)*. São Paulo: Difel, 1972, p. 314-315. A obra recebeu diversas edições posteriores.

CADERNO DE IMAGENS

Imagem 1- Fachada do Colégio São Luís, Itu (OLIVEIRA, Jair de; FRANCISCO, Luís Roberto de. *Itu - 400 anos. 1610-2010*. Itu: Gráfica Gavioli Ltda., 2009, p. XXVIII).

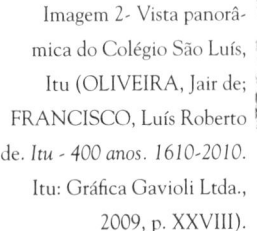

Imagem 2- Vista panorâmica do Colégio São Luís, Itu (OLIVEIRA, Jair de; FRANCISCO, Luís Roberto de. *Itu - 400 anos. 1610-2010*. Itu: Gráfica Gavioli Ltda., 2009, p. XXVIII).

Imagem 3- Salão de honra e teatro do Colégio São Luís, Itu (OLIVEIRA, Jair de; FRANCISCO, Luís Roberto de. *Itu - 400 anos. 1610-2010*. Itu: Gráfica Gavioli Ltda., 2009, p. XXVIII).

Imagem 4- Museu de Física e História do Colégio São Luís, Itu. (*Cidade & campo*, Itu, n. 61, junho/julho 2009, p. 18).

Capítulo 2 – Intelectuais negros

Na década de 1920, a geração de negros surgida após a abolição vivenciava nas cidades um efervescente questionamento sobre sua inserção social. Assim como Arlindo Veiga dos Santos, nascido quatorze anos após a Lei de Treze de Maio, jovens negros haviam conseguido certa escolarização e alguns alcançaram os estudos universitários num contexto de debates nacionalistas que questionaram sua situação na República.

Formaram-se grupos intelectualizados e militantes que frequentavam espaços de sociabilidade na cidade de São Paulo, onde Arlindo e seu irmão Isaltino, os "irmãos Santos" como eram ironicamente conhecidos no meio, tiveram atuação destacada nesse movimento de conscientização dos negros. Correntes políticas diversas disputavam espaço entre os militantes da chamada "segunda abolição" para uma luta integracionista e defensora de uma nova identidade a ser socialmente construída mediante superação do preconceito e da discriminação.[1]

Sobre esse período, o depoimento de José Correia Leite (São Paulo, 1900-1989) é fundamental. Colhido entre 1983 e 1984 pelo

---
1   FERNANDES, Florestan. Op. cit., p. 2.

militante Cuti, revela aspectos inéditos desse percurso. Por meio de suas memórias desvenda-se o universo das sociedades negras existentes em São Paulo nos anos 1920: Kosmos, Treze de Maio, Brinco de Princesa, Vinte e Oito de Setembro, Auriverde, Paulistano e muitas outras. Criadas com a finalidade de realizar ações de beneficência e recreação, promoviam bailes e outras atividades de lazer muito atrativas, como teatro e música. O depoimento de Leite é significativo sobre a dificuldade de manutenção de associações beneficentes e de socorro mútuo, que "logo se tornavam sociedades de bailes e já ia tudo por água abaixo".[2] Não impedia que a recreação fosse largamente utilizada na mobilização dos negros para ações integracionistas, discutida e planejada nas ruas e nos bares paulistanos.

Leite apresenta em detalhes essa sociabilidade que prosseguia pelas madrugada:

> Tudo o que surgia de novo se dava nas rodas, nas ruas, nos bares. Às vezes a gente chegava num bar ali pelas oito horas da noite e esquecia o tempo naquelas discussões. Os negros se reuniam ali na Rua Quintino Bocaiúva, Praça da Sé e Praça João Mendes, onde tinha um café chamado Café do Adelino. Muitos se encontravam próximo dos salões de bailes. Havia os que não frequentavam baile, depois que já tinham ideia formada.[3]

Sociabilidades negras de poetas, jornalistas, professores, advogados, oradores, toda uma boêmia literária e política em busca de

---

2 LEITE, José Correia. ... *E disse o velho militante José Correia Leite: depoimentos e artigos*. São Paulo: Secretaria Municipal de Cultura, 1992, p. 55.

3 *Ibidem*.

mudanças, lutavam para criar e manter jornais próprios, mas tinham necessidade também de superar a desconfiança existente entre letrados e não letrados. O Menelick, O Alfinete, O Kosmos, O Xauter, A Sentinela, A Liberdade, Elite, Progresso, O Clarim d'Alvorada foram alguns de seus periódicos, escritos pelos negros e para eles, para divulgar seus anseios e suas lutas. Um pequeno grupo havia conseguido ascender socialmente e obtido empregos modestos no serviço público como professores, escriturários, funcionários do serviço postal e, juntamente com outros militantes menos escolarizados, empreenderam estratégias para superar a exclusão social e o preconceito.

Percorriam a Praça João Mendes, a Igreja dos Remédios, o Pátio do Colégio (Largo do Palácio como era chamado na época, pois ali funcionava o governo do Estado), pontos estratégicos da cidade, o coração da metrópole, com grande circulação de pessoas, distantes porém dos bairros onde se dava a concentração de moradia dos negros no espaço urbano, Barra Funda, Lavapés e Bom Retiro, considerados por R. Rolnik "territórios negros" no traçado geográfico da negritude.[4]

O associativismo dos negros em São Paulo e suas práticas de sociabilidade no meio urbano, nos espaços de convivência disponibilizados pela cidade, foram de grande relevância nas décadas iniciais do século XX. Buscavam construir uma nova identidade e lutavam por uma nova inserção na sociedade, no contexto da discussão sobre a modernidade nacional.

A tendência dominante dessa atuação tem sido considerada assimilacionista por significar, para grupos de negros que ascendiam socialmente, distanciamento da cultura afro-brasileira e a correspondente incorporação dos "valores eurocêntricos da sociedade

---

4   ROLNIK, Raquel. Territórios negros nas cidades brasileiras (etnicidade e cidade em São Paulo e Rio de Janeiro). Estudos Afro-Asiáticos, São Paulo, 17, 1989.

dominante". Para isso, inúmeras associações, clubes e agremiações promoviam atividades recreativas, religiosas, esportivas, literárias, carnavalescas. Os mais organizados e empreendedores conseguiam manter com dificuldade jornais, revistas e folhetins que expressavam aspirações, protestos e críticas à sociedade, contribuindo para que aflorasse uma cultura urbana específica dessa população.[5]

Nessas redes de sociabilidades inseriram-se os irmãos Veiga dos Santos nos anos 1920. A educação formal, a capacidade oratória, talentos literários e artísticos correspondiam ao protagonismo em jornais, discursos, homenagens a personalidades simbólicas em túmulos e hermas. Suas lideranças firmavam-se pelo ativismo, pela capacidade de organização e pelo carisma pessoal que mobilizava plateias.

A ambientação de ambos nesses grupos abriu-lhes as portas para a atuação jornalística e literária. Arlindo já era autor conhecido nos meios católicos pela colaboração nos jornais e escrevia suas primeiras obras literárias. Trabalhava nessa época como secretário da Faculdade de Filosofia de São Paulo. Por seu lado, Isaltino abria espaço nas atividades literárias e artísticas, sobretudo teatro e música.

No entanto, formado nos princípios do *Ora et labora*, é pouco provável que Arlindo se dispersasse nas madrugadas em discussões de bares. Certo é que estava integrado a essa sociabilidade fervilhante e nela se destacou ao defender a proposta associativista para superar como sendo capaz de superar o recreacionismo, ainda que este não carecesse de valor como estratégia para atrair e motivar, e até mesmo de única saída para sociabilidades urbanas, contrapartida da exclusão dos negros dos ambientes reservados aos "brancos". A cultura da festa

---

5   FAGUNDES, Anamaria e GOMES, Flávio. Por uma "Antologia dos negros modernos": notas sobre cultura política e memória nas primeiras décadas republicanas. *Revista Universidade Rural: série Ciências Humanas*, Seropédia. Rio de Janeiro: EDUR, v. 29, n. 2, p. 72-88, jul/dez. 2007, p. 74.

se já não era de cunho político, passava a ser a partir daí e não apenas para os irmãos Veiga dos Santos, mas para outros que também lutavam pela afirmação dos negros.

A poesia era de larga aceitação no meio e, inspirada inicialmente em Olavo Bilac, transitou para a celebração de Luís Gama (1830-1882) e sua obra como símbolo nacional de denúncia, luta e reivindicações. O poeta era emblemático por vários motivos: negro, havia sido vendido como escravo pelo pai branco; destacou-se na luta abolicionista de que participou como jornalista, poeta e libertador de centenas de cativos. Sua biografia plena de episódios marcantes envoltos em neblinas de pouca certitude foi utilizada nos anos 1920 como paradigma pelos militantes negros.

Arlindo encontrava no cultivo do gênero mais um meio de utilizar sua formação que lhe permitira desenvolver a escrita poética desde os bancos escolares. Cultivou a poesia ao lado de novelas, artigos para a imprensa, folhetos panfletários e obras doutrinárias. O encantamento por Luís Gama inspirou seus poemas de denúncia social semeados pelos jornais. Ainda que envolvido na reverência ao poeta abolicionista, somente em 1945, no entanto, viria a publicar *A Lírica de Luís Gama* para exaltar a atitude de recusa do mundo branco, seu "amor aos humildes, indiferença pelos grandes, destemor da pobreza e ainda da miséria". Admirava especialmente o célebre poema cáustico *Bodarrada*, evocado em diversos de seus escritos.

Entre os militantes mais engajados no meio negro, não havia como esquecerem suas origens que remontavam ao cativeiro, nem deixar de considerar a situação dos que ainda conservavam memórias vivas dos tempos da escravidão e enfrentavam desemprego, analfabetismo, péssimas condições de moradia, concorrência com o trabalhador imigrante, preconceito explícito e declarado.

A trajetória de Arlindo nesse período de sua juventude foi marcada pela intensa militância contra essa situação. Assim como o irmão Isaltino, fazia parte da elite negra no sentido de sua escolarização diferenciada, de seu trânsito em outros meios culturais e políticos. Ambos podem ser considerados representativos de uma incipientíssima classe média negra que, sem ocupar cargos elevados, inseria-se no magistério, no funcionalismo público em cargos subalternos, em trabalhos não manuais, usava roupas citadinas consideradas indicadoras de polidez e refinamento, significativas de inclusão nos padrões culturais dominantes na metrópole, entre outros.

Fotos dessa época mostram Arlindo como um rapaz bem apessoado, de porte aprumado, elegante, transitando pelo centro da cidade em atividade panfletária. O traje era de importância capital por significar distinção e integração social. Andar bem trajado era sinônimo de *savoir vivre*, abria portas não apenas no meio dos "brancos" mas entre os próprios negros. Atribuía-se muito valor à aparência, ainda que adquirida com o recurso dos brechós: sapatos engraxados, terno de brim, colete, camisa engomada, chapéu e bengala evidenciavam aceitação de um *habitus* originário da cultura dominante, indício de ir além da exclusão.

Ademais, pelas exigências do trabalho, muitos tinham necessidade de se apresentarem adequadamente em escritórios, repartições, escolas etc., conforme as regras do meio. Nem por isso deixavam de ser engajados na luta. Seu esforço é notável não apenas em termos de busca de ascensão individual, mas de constituição de uma liderança muito ativa que buscava reverter o quadro geral pois eram excluídos de certos ambientes como o Jardim da Luz nas tardes de concerto musical, e sujeitos a restrições à circulação na Rua Direita. Restaurantes, hotéis, barbearias e salões de cabelereiros dividiam-se entre os que aceitavam ou recusavam negros como clientes.

Arlindo atuava nos movimentos e associações negras tendo como referentes constantes o catolicismo e o nacionalismo. De terno e gravata, óculos e chapéu palheta, percorria as ruas do centro da cidade de São Paulo com maços de jornais sob o braço, em ativa panfletagem que o tornou muito conhecido. Construía pouco a pouco uma inserção entre os intelectuais negros e obtinha espaço na florescente imprensa paulistana. Tanto que passou a colaborar em 1927 no jornal *Clarim d'Alvorada* com pequenos textos, por vezes acompanhados de fotos usadas para identificar e projetar o autor, segundo o hábito difundido na imprensa negra da época.

Entre seus escritos dessa época de exaltação da negritude, no soneto *À Gente Negra*, expressou com veemência sua origem africana e valorizou esta identidade em busca da superação do atavismo criado pelo passado cativo. Era ao mesmo tempo, um brado de união e luta dirigido à "gente negra" e chamado à memória da epopeia de Palmares:

> Africano, Africano! O teu sangue me ufana,
> Ferve dentro de mim, dá-me o vigor dos Bravos!
> Não! Desonra não é ter o sangue de escravos
> Quando ao seu cativeiro o heroísmo se irmana!
> (..)
> Se do teu sangue nobre a Pátria se envergonha,
> Luta por ela sempre, e reage co' a medonha
> Potência que assombrou nas rochas de PALMARES.
> Doutros venha a traição! Porém tu, na atalaia,
> Vela pelo Brasil, para que não decaia
> O brio da nação que vende os seus altares!...[6]

---

6   SANTOS, A. V. dos. À Gente Negra. *O Clarim d'Alvorada*, 15 jan. 1927, n. 28.

CADERNO DE IMAGENS

Imagem 5 - Arlindo Veiga dos Santos panfletando (arquivo pessoal da autora).

Imagem 6 - Arlindo Veiga dos Santos, fundador e primeiro presidente da Frente Negra Brasileira, em foto com dedicatória ao jornal *O Clarim d'Alvorada*, 1926.

Imagem 7 - Redação e oficina de impressão do jornal O *Clarim d'Alvorada*, situada na residência de José Correia Leite. Da esquerda para a direita: Átila de Morais, Manoel Antônio dos Santos, Luís Braga, Henrique Cunha, Raul (garoto filho de José Correia Leite) e Gentil de Castro (*Isto É*, São Paulo, n. 26, 22/06/1977, p. 36).

Capítulo 3 - Centro Cívico Palmares

A efervescência cultural e política no meio negro paulistano resultou em 1926 na fundação do Centro Cívico Palmares, por um sargento da Força Pública de São Paulo, Antônio Carlos. Seu objetivo anunciado de atuar como sociedade promotora de atividades culturais mediante palestras, teatro, festivais de música tinha subjacente um projeto político integracionista, perceptível na designação inspirada na luta do quilombo mais destacado da História do Brasil.

O que sabemos sobre o Centro Cívico Palmares vem em grande parte do depoimento de José Correia Leite e do jornal *Progresso*, editado mensalmente de 23 de junho de 1928 a 15 de novembro de 1931. Seu diretor e proprietário, Argentino Celso Wanderley, trabalhou em parceria com João Batista Ferreira de 1929 em diante. O poeta Lino Guedes era o editor e os colaboradores formavam extensa lista: Arlindo Veiga dos Santos, Luiz Carmelo, Jacob Neto, Euclides de Oliveira, Benedito Florêncio, Antônio dos Santos Oliveira, Adalberto Pires de Freitas, Rodolfo de Loremal, João Eugenio da Costa. Abordava os temas do preconceito racial, política, religião, ética, moral, conduta pessoal, entre outros.

Não se tratava de órgão oficial do Palmares, mas visava batalhar pelo "progresso do país" e glorificar a "raça ontem vilipendiada cuja escravidão é uma mancha na História da nossa civilização".[1] Para isso mantinha correspondentes no interior de São Paulo (Campinas, Limeira, Rio Claro, Jundiaí, São Carlos, São Vicente, Tietê, Cosmópolis, Sorocaba, Botucatu) e em Minas Gerais (Uberaba), locais onde havia práticas associativas de negros. Publicava com regularidade matérias sobre a entidade palmarina, na seção denominada *Vida Associativa* cujo noticiário cobria a capital e o interior do Estado.

O grande objetivo do *Progresso*, expresso em praticamente todos os números, era homenagear Luís Gama e alcançar a implantação de uma herma, o que acabou por se realizar em 1931 após árdua campanha para angariar fundos. Situado em pleno coração da cidade, no Largo do Arouche, o monumento tornou-se nos anos 1930, juntamente com o túmulo do abolicionista, um dos principais, se não o principal lugar de memória da emancipação, visitado constantemente por romarias cívicas e citado em mobilizações identitárias.

Fundado em 29 de outubro de 1926, no Teatro Apolo, na Rua Vinte e Quatro de maio, localizada no centro da cidade de São Paulo, o Centro Cívico adotava o nome sugestivo de Palmares – sociedade de cultura negra. Com ele, evocava a simbologia maior da luta contra a escravidão no Brasil e dela fazia sua bandeira, apresentada sob a forma de atividades culturais. Fora gestada nas rodas de sociabilidade frequentadas pelos irmãos Veiga dos Santos, que aliás não deixaram testemunhos memorialísticos intencionais sobre esse período de sua militância, em contrapartida ricamente descrita em detalhes nas memórias de Correia Leite:

---

1 *Progresso*, n.1, ano 1, 23 jun.1928.

Tudo o que acontecia de importante no meio negro era discutido em grupos que se reuniam na Praça da Sé, no Largo do Piques, nos cafés... Numa dessas rodas apareceu um dia um sargento da Força Pública, chamado Antônio Carlos, com a ideia de se fundar uma biblioteca que ajudasse os negros a se elucidarem, uma biblioteca que desse pro negro ter um lugar melhor para bater um papo, discutir, etc. Mas, ao invés de sair apenas uma biblioteca, surgiu o Centro Cívico Palmares. E estava à testa desse movimento o Isaltino Veiga dos Santos (que veio a ser mais tarde o Secretário Geral da Frente Negra) e mais alguns rapazes daquela época: Gervásio de Morais, Manoel Antônio dos Santos, Roque dos Santos e outros. Alugaram uma sala pro lado do Cambuci e lá surgiu a entidade. Esse sargento depois não apareceu mais porque foi para a Força Pública de Minas Gerais, onde fez carreira, chegando a coronel reformado. (...) Ele conseguiu o ideal dele, fundando na própria casa uma biblioteca bem organizada, bem catalogada, sobre assuntos negros.[2]

A trajetória movimentada do fundador do Palmares, ainda pouco conhecida, pode ser traçada em algumas linhas que remetem ao impacto causado pela Revolução de 1924 em São Paulo. Antônio Carlos, que residia em Campinas e pertencia à Força Pública estadual, seguiu para a cidade de São Paulo a fim de somar-se aos rebeldes do tenente Miguel Costa. Na sequência à derrota, agregou-se à coluna que empreendeu

---

2 LEITE, José Correia. *Op. cit.*, p. 73.

a marcha para se juntar ao tenente Luís Carlos Prestes na Coluna Prestes-Miguel Costa, percorrendo o Brasil até 1926, a semear protesto contra o domínio oligárquico. Por motivos desconhecidos, desistiu dessa luta, retornou então à capital do Estado e ali fundou o Centro Cívico Palmares, com o objetivo de promover a integração do negro na sociedade. A maior dificuldade era conseguir a confiança e atrair participantes, tanto que a entidade se deslocou da Rua Lavapés do número 77, Salão Cruz e Sousa, para o Largo da Sé e dali voltou para o primeiro endereço, conduzida por certo Mister Gids, inglês gerente de uma papelaria, a Casa Vanorte, que atuava no meio negro paulistano. Conseguiu porém a adesão de Vicente Ferreira e Alberto Orlando entre outros intelectuais reconhecidos, os quais se engajaram com o objetivo de

> fazer a aproximação do negro para uma tentativa de levantamento para acabar com aquela dispersão (...) O que o Palmares queria era que o negro se tornasse um elemento de força, de conjunto. Não precisava que toda raça negra se reunisse, mas pelo menos parte dela tivesse aquela consciência. Falava-se na família palmarina, na família negra. O objetivo era de união, de aproximação. O clamor era sempre esse: de que o negro tinha de ter uma liderança, um caminho. (...) Toda preocupação era aquela: unir os negros para uma luta de reivindicação junto aos governos, para que eles ouvissem nosso apelo.[3]

---

3 *Ibidem*.

Correia Leite aponta em seu relato autobiográfico a proximidade temporal da abolição para esses militantes filhos ou netos de ex-escravos. Os palmarinos guardavam na memória individual e coletiva a origem no cativeiro partilhada pelos seus militantes, embora naquele momento uma diferenciação já tivesse ocorrido entre os nascidos nas primeiras décadas após o Treze de Maio, em decorrência de maiores oportunidades educacionais e de emprego para um pequeno contingente: "Mesmo se fosse um negro doutor ou qualquer coisa assim, a história dele não diferenciava daquela do negro da escala social mais baixa, porque todos vinham da senzala".

A integração de Arlindo nessa sociedade não pareceu ter enfrentado dificuldades, desfrutava de certo prestígio. Correia Leite o reconheceu como personalidade carismática no meio negro e atribuiu tal característica à sua formação escolar diferenciada: "tinha aquela pose de filósofo, de professor que era". Parecia talhado para ocupar papel destacado na associação, com o entusiasmo e a energia de recém--formado pela Faculdade de Filosofia e Letras de São Paulo.

De fato, não vinha desprovido de leituras sobre filosofia política. O artigo "A ação dos negros Brasileiros" publicado no *Clarim d'Alvorada* em 1927 expressava adesão às ideias de Francisco Suarez (Granada, 1548/Lisboa, 1617) jesuíta, teólogo, filósofo e jurista, que vinha sendo revisitado desde o início do século tanto pelas suas vinculações com o jusnaturalismo como pela teoria política defendida pelo Integralismo Lusitano, movimento monarquista português contemporâneo do Centro Palmares. Continuador da tradição escolástica e a serviço da Contra-Reforma, Suarez concebeu a teoria da comunidade política na qual a liberdade humana é compatível com a sujeição para que a sociedade seja ordenada, mediante a transferência de poder ao governante e otimizada na monarquia hereditária.[4] Claramente defendeu o direito da guerra justa contra os governantes tirânicos, proposta que não conflitava com sua defesa da ordem como resultado da "união moral".

Arlindo mencionou Suarez no artigo em que se posicionou perante os leitores do *Clarim d'Alvorada*, seguindo suas pegadas na teoria da comunidade humana à qual atribui a origem do poder e sua legitimidade, um "príncipe soberano". Em nome dessa legitimidade justificava os negros alçarem voz para se fazer ouvir clamando por direito, liberdade e justiça numa sociedade em que "tem sido conspurcados desplantosamente, tanto pelos Estados contra os seus povos, como pelos Estados fortes contra os Estados fracos".

Traduzido no particular, o problema se constituía pela "situação da Gente Negra Brasileira, parte integrante do todo nacional brasileiro definido pelo sangue em grande parte, e mais talvez pelos ideais pátrios". Denunciava os "preconceitos sociais e políticos" que atingiam a "massa que pesa nacionalmente pelo trabalho físico e intelectual confundido no meio dos outros valores patrícios, e pesa ainda mais pela força do nosso braço de guerreiros em todos os tempos". Definida de modo "natural e patente" pela Cor, a gente Negra carecia de influência sobre a

> realidade poderosa na direção da máquina política da NOSSA Terra, quer em suas relações com os estados estrangeiros, quer na resolução dos problemas modernos, municipais,

---

4   NEDER, Gizlene. História das ideias e sentimentos políticos em Portugal na virada para o século XX. *Anais do XV Encontro Regional de História da ANPUH – Rio, 2012*. Disponível em: <http://www.encontro2012.rj.anpuh.org/resources/anais/15/1338428104>. Acesso em: 20 dez. 2012.

provinciais e federais, problemas que a indecisão resolvidos apesar de nós e até contra nós.

Um quase nada, uma simples palavra e lá se encontra no artigo o discretíssimo, mesmo cifrado, chamado à sua proposta política monarquista. Falava em províncias do Império em lugar de Estados da federação, mas isso poderia passar despercebido aos não iniciados. Arlindo revelou nesse artigo uma característica que manteria por toda a vida, a tenacidade e a convicção política inabalável em defesa de seus ideais. Batia em brecha o tempo todo para divulgá-los astuciosamente. Cuidava porém nessa época de não ultrapassar limites do dizível que o afastassem do acesso aos meios de comunicação.[5]

Além disso, retomava a luta dos primeiros escritos que colocava em pé de igualdade as "duas Raças de Cor que figuram o Brasil (o Negro e o Índio) à atual coletividade brasileira livre". Não obstante, sua luta focalizava o negro e o mestiço; se mencionava os índios era para mais uma vez assinalar a composição tripartite da nacionalidade brasileira. A "força trabalhadora" do negro necessitava de reconhecimento, mas além disso era preciso "influir pelo pensamento" na construção da nação e da nacionalidade. Para tal empresa, Arlindo valia-se de Suarez ao reivindicar um governo representativo dos diferentes estratos sociais da comunidade política. Seu apelo de mobilização explicitava a estratégia de conseguir aliados e simpatizantes à causa:

> Trabalhemos por chamar à consciência da flama às vezes latente todos os componentes da Gente de Cor do Brasil, porque, sem embargo

---

5   SANTOS, A. J. Veiga dos. A ação dos negros brasileiros. *O Clarim d'Alvorada*, n. 28, 15 jan. 1927.

do que possam rosnar os pedantes das suspeitas ciências antropológicas e etnológicas que levam certos "sábios" às conclusões estúpidas contra a identidade nacional brasileira, (...) os princípios nossos e que hão de salvar o Brasil desse caos que os "sábios" estabeleceram, com as suas teorias macaqueadoras e de contrabando.

O diálogo com as teorias arianizantes e excludentes das "raças inferiores" em voga no Brasil continuava sempre em seus escritos, oculto ou explícito. A fundamentação desse artigo distinguia o autor perante os demais militantes, ainda que talvez dotados de maior poder oratório ou literário e justificava a leitura que dele fizera Leite ao atribuir-lhe a "pose de filósofo", que não fugia à imagem que Arlindo pretendeu passar de si aos leitores dos jornais e ao Centro Palmares.

A entidade pretendia educar a população negra e para isso fundou biblioteca, escola e curso secundário com professores do próprio meio. É provável que Arlindo tenha sido um deles. Seu irmão Isaltino também atuou nessa direção porém com outros envolvimentos, ligados às atividades artísticas. Palmares surgiu como centro literário, desenvolveu atividades para elevar a condição socioeconômica de seus associados e nesse ambiente salientava-se o intelectual negro que soubesse fazer uso da palavra para formar opinião, num meio massivamente iletrado. Partilhava com as tendências educacionais dominantes na época o otimismo pedagógico de transformação social em decorrência de elevação do nível de escolaridade. Ademais, seria um caminho para a inclusão do negro na cidadania, da qual eram excluídos os analfabetos. Criar escolas e formar professores negros para educar os jovens era uma sequência idealizada, que poderia retirar os meninos negros das ruas, ensinar-lhes as primeiras letras e encaminhá-los ao mundo do trabalho. A responsabilidade foi assumida como missão pelo grupo palmarino.

Assim como outros espaços recreativos, a entidade proporcionava a sociabilidade mais atraente – o lazer musical, artístico e principalmente dançante – mas ia além e constituía tribunas que em sessões solenes inauguravam bailes com discursos sobre a situação dos "homens de cor". A oratória era prática muito valorizada nesse meio, pois repercutia diretamente na vida associativa ao recrutar e conservar associados. Constituíam-se assim "espaços doutrinários" de sociabilidades de grande impacto.[6] Os irmãos Veiga dos Santos estavam à altura da empreitada, podiam não apenas declamar poesias, encenar obras de teatro e proferir discursos, mas eram também capazes de escrevê-los. Oratória, formação política, artes e educação andavam de mãos dadas no Palmares. Alçaram-se também bandeiras de luta pela revogação da proibição da presença de negros na Guarda Civil e pela inclusão de bebês negros nos concursos de robustez infantil promovidos pelo Serviço Sanitário de São Paulo.

É visível a influência da Igreja Católica na associação. O depoimento de Vicente Ferreira, orador de prestígio e palmarino destacado, relata o surpreendente uso do púlpito na Igreja de Santa Cecília como canal dessa sintonia:

> Frei Vicente, esse luminar do púlpito brasileiro, não nos surpreendeu quando na Igreja de Santa Cecília exclamou: "Negros feitos da essência da brancura, a nata do elemento negro são encontrados em Palmares" (…). Toda a obra sã tem o

---
6 FAGUNDES, Anamaria e GOMES, Flávio. *Op. cit.* p. 75-76.

apoio de todas as classes sociais. E a agremiação que Mr. Gitters capitaneia o tem.[7]

Ainda que afirmasse abertura para "todas as crenças", a presença mais organizada e constante de manifestação religiosa no jornal *Progresso* era de fato o catolicismo. A Congregação Mariana de Santa Ifigênia e a Irmandade dos Homens Pretos de Nossa Senhora do Rosário foram objeto de artigos e noticiário do jornal, uma vez que além de Arlindo, outros palmarinos pertenciam a estas associações. Mas como ocorria amiúde rivalidades pessoais, projetos e posições políticas divergentes, para não falar de conflitos geracionais, ali também aconteceram e giraram em torno da condução da entidade por Mr. Gids/Gitters/Gittens. Nas controvérsias sobre os rumos da entidade, houve confronto entre lideranças e facções e os irmãos Santos justificaram com posições nacionalistas a rejeição ao comando da entidade pelo "estrangeiro".

Em dezembro de 1928 a presidência do Palmares passou pelo crivo das urnas. À eleição para a nova diretoria, concorreu Gittens com seu grupo, e a oposição, mencionada porém não identificada pelo jornal *Progresso*, foi derrotada. O jornal noticiou a disputa, seu resultado e os argumentos dos opositores de Gittens. Em matéria não assinada, foi lhe atribuída a intenção de atuar como presidente "absoluto" da entidade, posição "draconiana" que estaria impedindo a averiguação de desvios de dinheiro e outras "anomalias". Tudo indica que a voz da oposição desfrutava de livre expressão no jornal e criticava os associados por terem "impensadamente" votado no vencedor. Passados dois anos e meio de sua fundação, Palmares sucumbia no confronto entre facções.

---

7   *Progresso*, ano 1, n. 1, 26 jun. 1928.

Durante essa curta trajetória, entre 1927 e 1929 Arlindo defendeu em inúmeros artigos e poesias a luta integracionista contra o preconceito e a segregação. Escritos de combate, entusiásticos, expressavam esta militância, paralelamente à defesa das ideias monarquistas. Seu crescente envolvimento com a causa abria-lhe espaço na imprensa negra, seja no *Progresso*, seja no *Clarim d'Alvorada*. Construía um perfil de combatividade, mais do que necessário para a luta que enfrentava. A obstinação, o entusiasmo e o envolvimento o projetariam em direção à organização do Congresso da Mocidade Negra quando Palmares soçobrou.

É o que se percebe no *Manifesto aos Homens de Cor* assinado por Arlindo em nome de uma Comissão Intelectual e publicado no *Clarim d'Alvorada* em 1929. Cogitava-se a realização do Congresso da Mocidade Negra e Arlindo assumia posição destacada no projeto. O manifesto de 1929 evidencia o aprofundamento do seu pensamento nacionalista e das questões a ele inerentes, pois era extenso e significativo o rol de autores citados no corpo do texto: Silvio Romero, Basílio de Magalhães, Assis Chateubriand, Vicente de Carvalho, Tristão de Athayde, entre outros. Em toque a rebate da "Gente Negra", abordava pontos cruciais das discussões da época como inserção social, preconceito, oportunidades e condições de trabalho. O estilo de escrita mediante colagem de referências descontextualizadas se tornaria característico dos escritos de Arlindo ao longo de sua vida e viria a se consolidar em outras obras, numa técnica caleidoscópica orientada para enfatizar os pontos fundamentais de seu discurso e conferir-lhe autoridade. Com propósito integracionista denunciava a expulsão dos negros da "política social" ainda que juridicamente seus direitos estivessem garantidos pela Constituição na "liberdade esfarrapada". Denunciava o resultado dessa dicotomia – a exclusão dos espaços sociais como hospitais, escolas, orfanatos, casas de assistência – como "escravidão moral".

Arlindo construiu esse Manifesto norteado pela defesa dos direitos civis e pela busca de justiça social, pela denúncia do preconceito de raça e cor e contestação explícita das teses branqueadoras/arianizantes de Oliveira Viana. A elas contrapunha a proposta integracionista de negros, índios e mestiços na vida nacional e retomava assim as teses da obra *Os filhos da cabana*. Com a diferença de que nesse texto mobilizador as divagações literárias romantizadas pelo indianismo de seus primeiros escritos cediam lugar a um discurso enfático, combativo e bem definido. Seu tom militante era inequivocamente de arregimentação dos intelectuais negros para o debate e a proposta de soluções para os problemas detectados: "pela palavra, pela ação, pelo protesto ou pela carabina" clamava pela pátria, pela raça e pela família.

A eleição para a presidência da entidade, que reconduziu Gittens em janeiro de 1929, marcou o fim do Centro Cívico Palmares, pois não foi aceita pela oposição, que considerou o processo fraudulento e expressivo da má condução da entidade. O grupo derrotado se fez ouvir no *Progresso* em crítica aberta:

> Impedidos de falar nas sessões do Centro R. Palmares, onde a única voz autorizada é de seu presidente, que tudo quer, tudo faz unicamente nos comunicados que manda aos jornais, resolvemos desta colunas [sic], como legítimos brasileiros que somos, expor o nosso modo de entender.
> Não levamos a mal qualquer contestação.
> Por que?
> Infalível é só o Papa.

A manifestação de autoria desconhecida sobre a vida associativa palmarina prosseguia nas acusações sobre desvio de verbas, irregularidades e manejo ditatorial da presidência, à qual faltaria representatividade no exercício do cargo. A esse direcionamento atribuiu a evasão de presenças importantes: professor Abrahão, dr. Nicollelis, Antônio Magno, João Lúcio Alferes e duas das mais significativas lideranças, Gervásio Moraes e Vicente Ferreira.

As dissenções levaram ao fechamento do Palmares em 1929 e as tentativas de reorganização não conseguiram reagrupar a militância dispersa. Persistiram apenas atividades culturais por pouco tempo. Perderam-se os laços de solidariedade, fracassou a promoção de elementos identitários por meio de ações amparadas pela legalidade, sem animosidade. Foi perdida a capacidade de agregação que havia reunido Vicente Ferreira, Raul Joviano do Amaral (contador, depois advogado e professor), Manoel dos Santos, Henrique Cunha e os irmãos Veiga dos Santos. Apesar disso, forjaram-se nesses embates lideranças que continuaram ativas nos anos seguintes.

CADERNO DE IMAGENS

Imagem 8 - Vicente Ferreira e o Centro Cívico Palmares em romaria cívica ao cemitério da Consolação (*Progresso*, 23/06/1928).

Imagem 9 - Jayme de Aguiar (Jim de Araguari) e José Correia Leite, redatores do *Clarim d'Alvorada*, 15/01/1927.

Capítulo 4 - Patrianovista

Em 1928, Arlindo Veiga dos Santos participava de um grupo de intelectuais católicos que elaborou um programa político monarquista de construção de um novo Brasil. Sob sua liderança, o grupo fundou em três de março o Centro Monarquista de Cultura Social e Política Pátria-Nova, do qual participaram Paulo Dutra da Silva (engenheiro civil), seu irmão Joaquim Paulo Dutra da Silva (advogado e bacharel em filosofia e letras) Paulo Sawaya (estudante de medicina), Aguinaldo G. Ramos (bacharel em filosofia e letras), Carlos Prado (médico) e Salathiel Campos (jornalista, redator do *Correio Paulistano* e posteriormente membro da Frente Negra Brasileira).

Logo outros intelectuais se juntaram ao primeiro grupo, igualmente convictos de que o Brasil era uma "Pátria Imperial", cujos problemas não poderiam ser resolvidos pela República "dissolvente, antinacional e separatista". Entre eles, Sebastião Pagano (estudante na Faculdade de São Paulo), José Carlos de Ataliba Nogueira (advogado), Oscar Amarante (engenheiro), Paim Vieira (bacharel e pintor), Manoel Marcondes Rezende (médico), Ernesto Pereira Lopes (médico).

Das vinculações desse grupo com famílias tradicionalmente monarquistas pouco se pode avançar, além de alguns depoimentos, como o de Paim Vieira, que reconhecia em sua família um monarquismo saudosista, nutrido pelo "sentimento":

> Nessa casa onde eu estava havia um retrato de D. Pedro II a óleo (...). Tínhamos a tradição imperial na nossa alma. Nós estávamos sem coragem de afirmar, de confessar isso (...) por causa da convenção geral (...). Eu sempre fui muito monarquista por sentimento, mas eu não tinha as bases sociológicas, filosóficas, para me confessar monarquista (...) naquele tempo era sinal de atraso. Eles tinham posto essa convenção de que a monarquia era atrasada.[1]

Outro testemunho dessa tradição monarquista foi dado por um bancário, Álvaro Henrique de Carvalho, 44 anos, educado em colégio jesuíta, que aderiu ao Patrianovismo. Em carta enviada a Arlindo em 1931 declarava:

> Monarquista desde a infância, batendo-me por ela [monarquia] desde os tempos em que era aluno do Colégio Anchieta, Nova Friburgo, desejo, agora que sou homem maduro e carregado de filhos, que educo nos mesmos princípios, poder apoiar menos platonicamente qualquer iniciativa no sentido do saneamento pátrio. Assim, tomo a liberdade de vir pleitear a minha adesão como Patrianovista.

Já Ataliba Nogueira, que ocupou altos cargos na administração pública do Estado de São Paulo, continuara a tradição monarquista

---

1 Entrevista com Antônio Paim Vieira. São Paulo, 9 dez. 1977.

da família. Seu avô, o barão de Ataliba Nogueira, fora acusado de envolvimento no levante monarquista de 1902 e seu pai havia sido agente, em Pinhal, da publicação monarquista *Álbum Imperial*, nos anos iniciais da República.[2]

Outros patrianovistas entrevistados em seu discurso disperso em muitos documentos, revelam preocupação em não serem confundidos com os monarquistas tradicionais, restauradores que pretendiam a volta da monarquia de tipo parlamentar.[3] Depoimento significativo dessa cultura política monarquista inovadora na Primeira República e nos anos 1930 foi dado pelo cônego Alfredo Xavier Pedrosa, professor do Seminário de Olinda, que desencantado com a República, desgostoso com o exílio da Família Imperial, assim se declarou patrianovista:

> Nunca aplaudi essa República anti-cristã que aí vemos, cujos dirigentes vão levando para um abismo a Pátria. Se for necessário fazer uma pública confissão, ei-la positiva, franca, sincera, altiva, espontânea que me nasceu na alma desde muito tempo: prefiro uma Pátria-Nova nos moldes do programa do Centro[4] a essa República, mesmo purificada... como a querem as correntes liberais (...). De coração, pois, filio-me ao Patrianovismo, a cujo programa dou o meu inteiro aplauso.[5]

Quanto a Arlindo, seu percurso para chegar à convicção monarquista, até hoje surpreendente para os que consideram sua origem

---

2   Entrevista com José Carlos de Ataliba Nogueira. São Paulo, 4 nov. 1977 e 9 dez. 1977.
3   Entrevista com Joaquim Paulo Dutra da Silva. São Paulo, 20 abr. 1977.
4   Centro Monarquista de Cultura Social e Política Pátria-Nova.
5   Carta transcrita na revista Pátria-Nova, São Paulo, ano 1, v. 1, n. III, mar. de 1930, p. 98.

africana, passou por outros caminhos. Leu os teóricos do tradicionalismo português, francês e espanhol, com os quais construiu sua interpretação do Império, da República e o projeto do Novo Império do Brasil, que não seria uma restauração do regime tal como existiu até 1889, distinção significativa da originalidade de sua proposta política. Paralelamente à militância no movimento negro, desenvolvia estudos junto aos universitários católicos agregados nas organizações do laicato e neles a principal fonte de inspiração para o projeto político, com a qual empreendeu a leitura da realidade brasileira na década de 1920, foi o neotomismo.

O neotomismo inspirou a política da Igreja em relação ao chamado mundo moderno em resposta aos problemas decorrentes do capitalismo e do consequente crescimento das propostas anarquistas, socialistas e comunistas de solução da "questão social". Em lugar da luta de classes baseada na atuação sindical e de propostas revolucionárias, defendeu a mudança dentro da ordem no sentido de minorar a exploração dos operários preservando porém a propriedade privada. A proposta de uma monarquia corporativista defendida por Arlindo e seu grupo de patrianovistas inspirava-se na teoria política do pensador medieval que afirmara a monarquia como a melhor forma de governo, tendo a religião como princípio organizador da sociedade e do estado.

Os patrianovistas buscaram também inspiração no tradicionalismo católico, cujos mestres remontavam ao século XVIII (Joseph de Maistre, Louis de Bonald, Felicitas de Lamennais) e XIX (Donoso Cortés e Balmés). Com essas leituras Arlindo construiu seu projeto político de regeneração nacional frontalmente antagônica ao socialismo/anarquismo/comunismo, entendendo a nação como um todo harmônico, orgânico em uma unidade que admitia as diferenças num equilíbrio que permitiria anular as contradições e a ação para o bem comum.

A inserção do problema do negro nessa leitura do político feita por Arlindo e o grupo da Pátria-Nova deu-se pela valorização da unidade nacional composta de maneira tripartite, como as interpretações da época vinham consolidando, com o acréscimo da figura do mestiço que também deveria integrar o organismo nacional sem conflitos para que o todo funcionasse de modo harmonioso em unidade autenticamente brasileira. Para ele o momento fundador da nacionalidade fora o Império, que fracassara ao admitir a invasão da política pelo liberalismo.

Sua interpretação da nação brasileira mestiça é original perante as teorias racistas da época pois valorizava a miscigenação, ao contrário dos social-darwinistas e evolucionistas. Correspondia ao contexto: o negro não podia mais ser apagado do discurso sobre a nação ou colocado em situação de inferioridade porque as condições objetivas de sua presença na sociedade brasileira haviam se modificado desde a abolição, com sua integração ao processo produtivo como assalariado e a aquisição do direito à cidadania. Arlindo reconhecia o "problema negro-índio-sertanejo" e propunha como única solução o Patrianovismo pois a república não dera conta de integrá-los adequadamente à nação.

Arlindo partiu da negação da existência de diferenças biológicas qualitativas entre as raças que entravam na composição nacional, premissa complementada pela valorização da mestiçagem, de que resultou a teoria da raça integral de caráter homogeneizador.[6] Nesse sentido, a referência ao tema da raça no conceito de nação consistiu em uma resposta às indagações correntes nas décadas de

---

6 SANTOS, A.V. dos. *Contra a corrente*. São Paulo: Pátria-Nova, 1931, p. 4-5..

1920 e 1930, a partir da concepção católica organicista da sociedade que propunha a nação como organismo composto de elementos diferenciados porém harmonicamente integrados num todo não excludente, sem lugar e razão de ser para as diferenças biológicas. O estranho a essa nação mestiça era o imigrante, símbolo do cosmopolitismo pernicioso e concorrente no mercado de trabalho com os brasileiros natos. A real integração entre os componentes da nacionalidade se faria pela ação educativa do catolicismo com todas as conotações que possuía para os que professavam sua vertente antiliberal. Educação direcionada para ressacralizar a sociedade, acomodar os conflitos, anular as divergências e promover a aceitação das divergências, buscando superá-las. Esse foi o arcabouço teórico do projeto político que Arlindo carregou para o interior da FNB, a ser obtido com a figura do rei pai e juiz da nação, representante de todas as suas "forças vivas" e equidistante das questões que nela surgissem, possibilitando assim seu julgamento imparcial e o poder compartilhado pelas corporações de ofício.

Muito mais que um saudosismo do Império que não viveram – basta verificar a idade dos primeiros patrianovistas – unia-os, além do catolicismo, o profundo descrédito em relação à República oligárquica, a percepção crítica do momento que viviam, sobretudo do ponto de vista político. Compartilhavam com a dissidência oligárquica reunida no Partido Democrático e com as lideranças tenentistas a desilusão em relação ao sistema político, porém ao contrário da maioria dos descontentes, consideravam falido o próprio liberalismo. Em consequência recusavam as propostas de reforma política que pretendiam sanear a ordem liberal mediante instituição do voto secreto, da independência dos poderes e da moralização das práticas eleitorais. Buscavam por meio de um projeto autoritário uma saída para o que consideravam degeneração nacional, inserindo-se no debate político ao lado dos que, desde o início dos anos 1920, defendiam formas antidemocráticas de governo e condicionavam a solução dos problemas políticos à implantação de um Estado antiliberal.

Na década seguinte acelerou-se a formação de movimentos antiliberais que cooptavam jovens bacharéis egressos das faculdades livres e oficiais. Essa geração viveu um período de "intensa efervescência intelectual no interior de uma elite pensante, inconformada com os rumos da Nação".[7] Motivada pela crise institucional, engajou-se na busca de alternativas fundamentadas pelas ciências sociais e pelo pensamento autoritário, católico ou laico.

Nesse sentido, a criação em 1928 do Centro Monarquista de Cultura Social e Política Pátria-Nova visou responder à "desordem" identificada nas rebeliões tenentistas, no movimento operário, na fundação do Partido Comunista, no Modernismo e no domínio oligárquico, com a proposta de um governo forte, capaz de impedir a "excessiva" liberdade. Inspirado pelas encíclicas *Rerum Novarum* e *Quadragesimo Anno* propôs a recatolização da sociedade mediante a defesa da "ordem" e da "justiça social", numa tentativa de neutralizar as esquerdas e seu avanço no país.

O nome Pátria-Nova originou-se do Integralismo Lusitano, movimento reconhecido pelos autonomeados neo-monarquistas como modelo. Iniciado em 1913, esse movimento visou criar em Portugal adesão à proposta católica, nacionalista e anti-liberal de uma monarquia orgânica, tradicionalista e antiparlamentar, inspirada em instituições medievais (monarquia e corporações de ofício). Em Antônio Sardinha, seu principal teórico, encontra-se a defesa do Portugal Novo, que seria alcançado parcialmente com o

---

7   MICELI, Sérgio. *Intelectuais e classe dirigente no Brasil.* São Paulo: Difel, 1979, p. 51.

Estado-Novo português.[8] No movimento monarquista brasileiro, o termo Pátria-Nova traduziu a preocupação corrente entre intelectuais e políticos nos anos 1920: a busca do novo, de uma nova nação, a qual seria construída com base na tradição. Tratava-se de adjetivo corrente também nos anos 1930 (título de jornais e de partidos) e que forneceu o nome da ditadura que substituiu a República liberal oligárquica em 1937.

Perante os demais movimentos políticos autoritários da época, a originalidade do patrianovismo residia principalmente na proposta de instauração da monarquia. Pretendia atuar no sentido de

> Firmar nos associados a consciência verdadeiramente nacional da Raça e Pátria Brasileira, à luz duma teoria política em harmonia com a tradição nacional e as ciências sociais: realizar estudos de toda espécie sobre a universidade das questões que interessam à vida nacional, tanto na parte teórica como na parte prática.[9]

O Centro Monarquista fundado em 1928, quando Arlindo militava simultaneamente no Centro Cívico Palmares, foi o embrião da Ação Imperial Patrianovista Brasileira (AIPB), em que se transformou em 1932. Seus adeptos não constituíram um partido restaurador da monarquia e defensor da recatolização da sociedade, seu objetivo mais abrangente, pois a diretriz dada pelo cardeal D. Sebastião Leme à Igreja no Brasil bloqueava aos católicos qualquer iniciativa nesse sentido. Críticos intransigentes da República liberal-democrática,

---

8   SARDINHA, António. *Ao princípio era o verbo*. Lisboa: Ed. Restauração, 1949; COSTA, Augusto da (org.). *Portugal - vasto Império*. Lisboa: Imprensa Nacional, 1934.

9   Centro Monarquista de Cultura Social e Política. Extratos dos Estatutos da Pátria-Nova. *Diário Oficial do Estado de São Paulo*, 25 out. 1928, p. 8010.

restou aos patrianovistas o espaço da política não partidária, pois havia ainda outro entrave: do ponto de vista constitucional, a legalização de uma organização partidária monarquista era vedada. Assim, de início, constituíram um centro de estudos que elaborou um programa logo divulgado pela revista *Pátria-Nova*, lançada em 13 de setembro de 1929, data do aniversário natalício daquele que consideravam herdeiro presuntivo do trono brasileiro, D. Pedro Henrique de Orléans e Bragança, bisneto de D. Pedro II.

A revista dinamizou o trabalho de propaganda, mantendo-o, porém, restrito aos meios intelectualizados, fato que confirma o caráter elitista do movimento, apontado logo de início por Alceu Amoroso Lima.[10] A estratégia patrianovista consistia em arregimentar pessoas com certo nível de escolaridade para atuar no próprio meio em que viviam, o que correspondia à orientação de Pio XI de "apostolado do meio por meio". Definiu-se, assim, a Pátria-Nova como movimento político que optou pela cátedra como local privilegiado para empreender a cruzada pelo Brasil católico e monárquico, cuja emergência deveria ocorrer quase espontaneamente, através de uma "revolução branca" que consagraria sua legitimidade. Nada impedia a composição política com movimentos de igual teor e manifesto explícito de apoio ao governo de Getúlio Vargas, instaurado após a Revolução de outubro de 1930.

De sua fundação, em 1928, como Centro Monarquista de Cultura Social e Política até o golpe militar de 1964, o Patrianovismo passou por diversas mudanças. Extremamente instável e flutuante, sujeito a cisões e a arregimentações efêmeras, esse grupo atingiu, no entanto, dimensões que ultrapassaram os limites geográficos do seu núcleo inicial e mais ativo, o de São Paulo, que persistiu até 1972 e teve como principal articulador Arlindo Veiga dos Santos. Mesmo entre

---
10 ATHAYDE, Tristão de. Pátria-Nova. *O Jornal*. Rio de Janeiro, 29 set. 1929.

1932 e 1937, quando atingiu sua maior dimensão, persistiu em seu projeto inicial de movimento criador de uma "mentalidade nova", que recrutava um grupo de militantes capazes de difundir o programa e de criar, nos locais onde atuavam, a concepção da necessidade de mudanças no sentido de uma monarquia corporativa. Essa estratégia, afinada com a diretriz da Igreja no Brasil, que procurava recatolizar a sociedade através de atuação junto às elites, recrutou, sobretudo na década de 1930, um público constituído em grande parte por jovens universitários; utilizou também os espaços das congregações marianas e do Centro D. Vital de São Paulo para arregimentar simpatizantes. A atuação na Frente Negra Brasileira foi um de seus direcionamentos mais significativos por se tratar de uma tentativa de divulgação de um monarquismo popular.

A fundação e a expansão do Patrianovismo ocorreu no entre-guerras, período em que outros movimentos autoritários e totalitários (de direita e esquerda) surgiram no contexto das críticas à democracia liberal. Entre eles, o neotradicionalismo europeu exerceu grande influência, pelos movimentos monarquistas da Action Française e do Integralismo Lusitano, que inspiraram Arlindo na sua concepção política da Pátria-Nova. Em ambos os movimentos a defesa da ordem, da autoridade, da hierarquia, da tradição, da honra, do patriotismo, da família orientavam a leitura da sociedade contemporânea. Amparado nesses movimentos, Arlindo incorporou os componentes nacionalistas autoritários ao seu projeto político onde a dicotomia entre o Brasil real e o Brasil legal ocupava lugar nuclear, como ocorria também com outros pensadores nacionalistas da Primeira República.

O tema do fascismo está constantemente presente quando se analisa o movimento patrianovista e a atuação política de Arlindo.

O contexto da ascensão do fascismo europeu após a Primeira Guerra Mundial correspondeu no Brasil aos movimentos contestadores da República liberal-democrática pelos pensadores nacionalistas e pelos tenentes. O Partido Nacional Fascista havia sido fundado na Itália em 1921 e desde 1923 assinala-se sua expansão para fora do território italiano, com a criação dos *fasci italiani all'estero* cujo objetivo era agregar populações de emigrados italianos e seus descendentes para o movimento fascista. A trajetória de Mussolini do socialismo ao fascismo, sua proposta de inventar uma nova civilização e moldar um novo homem, os apelo à militância pelos ritos marciais do regime, tudo confluía para o fortalecimento da figura de Mussolini, que se tornou objeto de culto por parte dos que aderiram à causa.

Esta proposta política encontrou no Brasil seguidores, num contexto que coincidiu com a fundação da Pátria Nova e da Frente Negra Brasileira. Veiga dos Santos foi também seduzido pela proposta mussoliniana, que unia monarquia e mobilização das massas, sem no entanto hipotecar solidariedade ao regime implantado na Itália, cautela talvez devida à relação complexa e conflituosa de Mussolini com a Igreja Católica.

Um momento decisivo ocorrera em 1929, com os acordos de Latrão, quando Mussolini foi chamado de "Homem da Providência" pelo papa Pio XI, em reconhecimento à sua atuação contra socialistas e comunistas. Ao traduzir o lema de que fascismo é ação, a aliança permitiu ao catolicismo manter-se na Itália como religião de Estado, que deveria implantar uma "ordem moral adequada aos ensinamentos da Igreja".[11] A Igreja em luta contra o socialismo/comunismo empreendia uma estratégia de controle da cultura, no entanto, logo o fascismo escapava ao controle eclesiástico e impunha à Itália sua

---

11   MILZA, Pierre. *Mussolini*. Rio de Janeiro: Nova Fronteira, 2011, p. 142.

própria organização. A hostilidade entre os aliados de havia pouco se intensificou e motivou a reação do Vaticano em 1931 com a encíclica *Non abbiamo bisogno* que acusava o regime fascista de "querer monopolizar a educação da juventude para inculcá-la de uma ideologia pagã fundada sobre a sacralização do estado, violando assim os direitos naturais da família e os direitos sobrenaturais da Igreja".[12]

Na Itália, a divergência foi contrabalançada pela adesão de católicos ao regime fascista, que apregoava promover a ordem, a paz social e uma política externa de prestígio. A ditadura de Mussolini implantada em 1922 selava um compromisso de longa duração com o rei Vitório Emanuel II. O culto à personalidade mussoliniana coexistia com o prestígio ainda desfrutado pela monarquia e ambos convergiam para a política de fazer surgir o "novo homem", sob as diretrizes do "gran Consiglio".

Nos anos que se seguiram, a propaganda foi utilizada intensivamente pelo Partido Fascista para legitimar-se inclusive perante a opinião pública mundial. As proezas de Ítalo Balbo em seus cruzeiros aéreos transoceânicos em 1933 constituíam simbolicamente a vitória do regime sobre as distâncias geográficas ao aterrissar com seus aviões em Chicago e Nova Iorque. A proclamação do Império em 1935 com a expansão italiana na África foi devidamente enaltecida.

A tensão foi certamente observada por Veiga dos Santos, mas em sua própria interpretação errática do fascismo, reteve dele o que lhe pareceu adequado ao Brasil, sem distanciar-se da Igreja. Adotou alguns pontos do fascismo, estruturados na AIPB e na FNB, movimentos que correram paralelos durante algum tempo e apresentavam como pontos convergentes o objetivo de deter o avanço do comunismo no Brasil. Sua proposta nunca chegou a admitir o totalitarismo

---
12 *Ibidem*, p. 148.

que caracterizou o nazi-fascismo com a mobilização pelo partido único, pois recusava toda organização político partidária.

Arlindo elaborou uma proposta de duplo direcionamento, com dois apelos, um para as elites católicas "brancas", outro para a população afrodescendente, com algumas estratégias comuns moldadas na visão mobilizadora da política como ação. Reforçava assim os direcionamentos que vinham de sua formação católica.

Arregimentar crianças e jovens, criar e manter um chefe carismático, gerir os movimentos por meio de Grandes Conselhos, criar e utilizar no âmbito das associações um código de conduta repressivo para manter alinhados os seus membros foram estratégias desenvolvidas por Arlindo certamente sugeridas pelo movimento fascista na Itália, exceto pela ausência de um partido mobilizador, que soava estranho à sua proposta corporativista de organização da sociedade e do Estado, na qual a ação deveria realizar-se extrapartidariamente, nas corporações de ofício igualmente defendidas pelo fascismo.

O patrianovismo constituiu parte significativa da militância política de Arlindo, que atuou tanto num meio elitizado como no âmbito popular frentenegrino. Verso e reverso da mesma moeda, ambos os projetos se completavam pois possuíam estratégias e discursos diferentes, adequados ao meio em que se desenvolveram, com alguma permeabilidade já que alguns patrianovistas participavam da FNB como palestrantes.

Fundada antes da FNB, a Pátria-Nova tanto marcou Arlindo que por ela se tornou conhecido e adquiriu uma identidade pública da qual não se separou jamais. Não impediu que em 1934, ano em que atravessou grande crise pessoal, deixasse o cargo de chefe-geral da Ação Patrianovista, alegando incompreensão e "aburguesamento" do movimento. A crise coincidiu com igual atitude que seria tomada na

FNB, quando deixou também a chefia do movimento frentenegrino. Em ambos os casos, ressentia-se de falta de disciplina dos seguidores mas seu carisma persistia, alimentado pela vontade férrea e empenho pessoal pela causa. Motivos de seu retorno ao cargo na AIPB em 1936, chamado pelo Grande Conselho, quando o movimento espalhara-se em âmbito nacional, com diversos núcleos estaduais.

CADERNO DE IMAGENS

Imagem 10 - Revista *Pátria-Nova* (arquivo pessoal da autora).

Imagem 11 - Símbolo da Pátria-Nova (arquivo pessoal da autora).

Capítulo 5 - Clarinadas monarquistas

O jornal *Progresso* dedicou-se ao longo de sua curta existência (1928 a 1932) a noticiar negros que se destacavam na cultura, na arte e na ciência. Incentivava a autoestima de seus leitores e trazia algumas resenhas de obras que discutiam questões raciais na sociedade brasileira. Por outro lado, publicava notícias sobre associações católicas, movimentos de leigos e da hierarquia, como o falecimento de D. Miguel Kruse, abade do mosteiro de São Bento, em 1929, e com isso sinalizava a existência de vínculos entre redatores, colaboradores e a Igreja Católica, participava da campanha pela recatolização da sociedade brasileira.

Foi nesse contexto que Arlindo Veiga dos Santos lançou em 1928 uma ofensiva de propaganda monarquista pelo jornal, embora não ostensiva, como seria de se esperar de um líder que recém fundara o Centro Monarquista de Cultura Social e Política Pátria-Nova. Exaltava figuras políticas do Império, a começar pela princesa Isabel, no que não poderia levantar grandes resistências, pois a Redentora era reverenciada pelos diversos movimentos e associações negras desde a abolição. O regime republicano legitimara o protagonismo de D. Isabel no processo abolicionista, oficializara a comemoração do Treze de Maio como feriado nacional no governo de Deodoro da Fonseca e o mantivera até Getúlio Vargas extinguí-lo em 1930. No jornal, em momento algum foi atribuída ao governo imperial a responsabilidade pelo cativeiro dos africanos, que foi considerado decorrência da ganância e maldade dos fazendeiros escravocratas. Anualmente, romarias aos túmulos de abolicionistas, em especial de Luís Gama, discursos, missas e festas marcavam a importância da data.

Nada impedia que os libertos e seus descendentes comemorassem o dia da assinatura da Lei Áurea, sendo ou não feriado nacional. Comemorá-lo era reavivar e reverenciar a figura de D. Isabel inclusive com aura de santidade. O *Progresso* não destoava dessa tradição e costumava publicar, ao lado da foto da princesa, mensagens de reconhecimento e exaltação, como esta matéria que em estilo oratório dizia em 1928:

> É Isabel de Orleans. Existiam no seu império entes miseráveis. Rebotalhos humanos. Degradados. Faltava-lhes mais que a vida. Faltava-lhes a liberdade. Pois essa brasileira angélica comprou-lhes a liberdade. Pois essa brasileira angélica comprou-lhes a liberdade (sic) pelo seu trono, pelo seu vasto império. Deu-se então o milagre. Nesses farrapos de gente brotou uma consciência. Surgiu uma alma. Sentiram-se humanos e não simples máquinas ou animais.
> D. Isabel de Orleans é a santa brasileira.
> E como santa deve ser venerada.[1]

---

1 *Progresso*, 15 nov. 1928.

Somou-se a essa persistente memória da abolição a divulgação do fim do banimento da Família Imperial, ocorrido em setembro de 1920, no governo de Epitácio Pessoa. A mobilização de fidelidades monárquicas implicou também a divulgação da primeira visita ao Brasil republicano de Gastão de Orléans, o conde d'Eu, esposo da princesa Isabel, em 1921. Veio acompanhado de sua nora D. Maria Pia, viúva de seu segundo filho D. Luís de Orleans e Bragança, e dos netos D. Pedro Henrique e D. Luís Gastão, que sinalizavam aos brasileiros a continuidade da dinastia, ainda que exilada na França desde a proclamação da República. D. Isabel, adoentada, permanecera no castelo d'Eu, mas sua figura pública foi colocada em evidência pela imprensa.

No bojo desse reavivar da memória do Império, atualizado com o traslado dos despojos dos últimos imperadores a Petrópolis durante a comemoração do centenário da Independência, em 1922, legitimava-se a identificação de muitos negros com a Família Imperial. Reafirmou-se uma interpretação monarquista do processo, a qual começava no entanto a ser contestada pelos partidários da sua leitura como obra de escravos e libertos.

A figura de Zumbi coexistia sem conflito com a interpretação monarquista uma vez que o personagem representava a capacidade de resistência dos cativos ao sistema, sem anular o protagonismo dos próceres da monarquia que fizeram as leis abolicionistas. A Troia Negra da serra da Barriga era valorizada pelo heroísmo dos quilombolas, em movimento de revisão historiográfica a colocar em dúvida o suicídio de Zumbi como decisivo para o fim do quilombo de Palmares. Sendo o suicídio condenável do ponto de vista da moral católica, sua morte foi atribuída, em artigos publicados no *Progresso*, a um oficial das forças militares, em lugar da interpretação de que teria preferido pôr fim à sua vida a submeter-se ao cativeiro. Essa versão continha grande carga de heroísmo e produzia grande efeito notável nos leitores ao evocar o gesto desesperado de atirar-se do alto de um despenhadeiro.

O periódico respondeu a esse processo memorialístico ao publicar matérias não assinadas, que levantaram uma série de perfis de "vultos do Império", a começar por D. Pedro II. Entre 1928 e 1929 essa propaganda monarquista subliminar prosperou e não pode ser descartada sua relevância para a cisão e o posterior esfacelamento do Centro Cívico Palmares. Se D. Isabel aparecia como a redentora, não deixou de ser também lembrada como princesa exilada; o desterro, uma injustiça e a perda do trono, decorrência da Lei Áurea. Falecida em 14 de novembro de 1921, ela continuava a merecer a gratidão dos libertos. Isabel de Orleans ou de Bragança trazia na identidade atribuída a perspectiva frustrada do terceiro reinado e em torno de sua obra teve início uma consagração de santidade, reforçada por meio da divulgação de retratos e pequenos dados biográficos (datas de nascimento e falecimento) e principalmente pelo realce à Rosa de Ouro, uma das maiores homenagens que a Igreja Católica concede a leigos, ofertada pelo papa Leão XIII em reconhecimento por seu papel na abolição. O papa se envolvera com a questão ao assinar em cinco de maio de 1888 a encíclica *In Pluribus*, na iminência do fim da escravidão no Brasil. Atendendo ao movimento abolicionista e às pressões feitas pelo embaixador Joaquim Nabuco, o pontífice manifestara-se contrariamente ao cativeiro, que considerou condenável do ponto de vista do Direito Natural, sem no entanto assumir uma postura francamente abolicionista.[2]

D. Pedro II, o "neto de Marco Aurélio", embora menos presente no jornal que sua filha, merecia elogios na versão monarquista da História como magnânimo imperador, cristão ornado de virtudes,

---

2   SANTOS, Armando Alexandre dos. *Leão XIII e a posição histórica da Igreja Católica em face da escravidão*. Paper não publicado, 2012.

mecenas protetor dos artistas, que "deixou que fosse lavada da nossa História a página negra da escravidão".[3] Seu pai e antecessor, o imperador D. Pedro I, era lembrado somente pelo protagonismo da dinastia no processo da Independência.

É preciso ressaltar que as matérias publicadas no *Progresso* não eram assinadas, porém a campanha coincidia com o início do movimento patrianovista. A construção de uma memória positiva do Império e do regime monárquico convinha ao projeto político de Arlindo Veiga dos Santos. O anonimato nos artigos pode ter sido estratégico e apresenta um aspecto surpreendente: a aceitação das matérias por parte de seus editores. Nas brechas que o *Progresso* possibilitava, fomentava-se a simpatia aos vultos do Império, estratégia direcionada para propagar um monarquismo popular urbano, bastante diferenciado de Canudos e do Contestado e mesmo dos movimentos monárquicos da elite que pontilharam a história da República desde 1889.

Paralelamente ao noticiário sobre os Orleans e Bragança, o *Progresso* apresentava notícias sobre o reino da Abissínia ou Etiópia, com igual intuito: salientar a relevância dos governos monárquicos, celebrar a ascensão do Ras Tafari ao trono desse país católico, trono que fora ocupado pelo rei Menelick. Referência importante, esta, pois evidenciava a compatibilidade entre a cultura africana e a forma de governo monárquico. O tema se prestava ainda à aproximação com a Itália de Mussolini, na qual o regime monárquico persistia com o reinado de Vitor Emanuel II.

Mas o jornal abrigava correntes políticas opostas. Batalhas de memória foram travadas no campo das representações integrantes de culturas políticas monarquista e republicana. Revelando-se território de disputas, o *Progresso* assumia direcionamento eclético na matéria

---

3 *Progresso*, n.7, 16 dez. 1928.

pela alternância entre elogios à República e propaganda monarquista. Respondia de modo eclético à heterogeneidade do público ao qual se dirigia, revelando orientação liberal ao admitir vozes contrastantes em suas páginas.

Divergências também incidiam sobre o tema da religião. Em contraponto à propaganda do catolicismo, o *Progresso* divulgava o espiritismo e a cultura de origem africana, sobretudo os cultos e os batuques largamente apreciados pelos associados. Em contrapartida à propaganda monarquista, matérias igualmente não assinadas desconstruíam as personagens do Império, como D. Pedro I, tido como arrogante, mau marido, mulherengo e inclinado ao uso do "chicotinho de cabo de prata, com o que e por qualquer coisa, batia *nos outros*" (ou seja, nos escravos). Contra a louvação do Ras Tafari, imperador da Etiópia/Abissínia, considerado descendente do rei Salomão e da rainha de Sabá, publicou matéria reveladora da escravidão no seu reino, que era apoiado pelo governo de Mussolini.

Contra a interpretação do processo abolicionista como obra dos grandes vultos do Império, veio em socorro dos que valorizavam o protagonismo dos escravos uma palestra de Evaristo de Moraes, intelectual envolvido com o Centro Cultural Palmares, defensor da tese de não ter sido o fim da escravidão "obra individual, mas sim um produto da própria raça". Na sede da entidade, na Rua dos Lavapés, o conferencista dera reforço argumentativo ao grupo contrário à atribuição a D. Isabel de toda a responsabilidade pelo fim do cativeiro.[4]

A intensa troca de farpas durou alguns meses e números do jornal. Em meio às louvações aos abolicionistas escritores, poetas e políticos do Império, é possível esboçar-se duas tendências: uma que se inspirava num

---

4 *Progresso*, n. 1, 23 jun. 1928.

modelo político personalista, continuador da interpretação monarquista e tradicional da abolição, e outra republicana que afirmava a importância da mobilização popular para o fim do trabalho escravo no Brasil.

Tanto que mesmo com o fechamento do Centro Cívico Palmares, o *Progresso* continuou a ser publicado e a conceder espaço aos irmãos Veiga dos Santos. A projeção de Arlindo e Isaltino pouco a pouco se consolidava em suas páginas, mas ainda eram muito jovens e outros mais experientes ocupavam a primeira fila das lideranças: Vicente Ferreira, Gervásio Moraes e Lino Guedes.

Arlindo construía ali um nicho de projeção pessoal e propaganda de seu projeto político pois utilizava o jornal para fazer propaganda cada vez mais ostensiva da Pátria-Nova. Divulgava temas monarquistas, como ocorreu em 24 de fevereiro de 1929, quando foi publicado o *Hino da Mocidade Monarquista Brasileira*, com letra de sua autoria. Segundo o anúncio, tratava-se de "belíssima página de patriotismo, mostrando em todos os seus versos a alma grande, nobre que a compôs e que não cessa de render culto a *Raça! Pátria! Labor! Religião!*".[5]

Conseguiu também publicar notícia do lançamento da revista *Pátria-Nova* que começara a editar:

> Sob a competente direção do dr. A.F. (sic) Veiga dos Santos, acaba de aparecer aquela bem feita revista que se publica trimensalmente nesta capital. Pátria-Nova é órgão do Centro Monarquista de Cultura Social e Política [defensor de] Religião-Pátria e Raça [e afirma que] o Brasil de modo nenhum ser República.[6]

---

5   *Progresso*, n.1, 23 jun. 1928.
6   *Progresso*, ano II, n. 14, 31 out. 1929.

Durante o ano de 1929, a propaganda monarquista ostensiva ou disfarçada continuou crescendo, e embora não apresentasse conteúdo teórico, procurava atrair simpatias para a Família Imperial e o regime monárquico. Com o entusiasmo e o impulso decorrente da fundação do Centro Monarquista Pátria-Nova, a propaganda ia de vento em popa.

Setembro de 1930 foi um momento propício para a propaganda monarquista desenvolvida por Arlindo no jornal *Progresso*. Em meio às articulações da Aliança Liberal que resultariam na Revolução de Outubro, foram publicadas várias matérias, sempre não assinadas, que intensificavam a propaganda em torno dos membros da Família Imperial praticamente desconhecidos no Brasil em decorrência do exílio.

Assim foi que em 1930, o *Progresso* rememorou o falecimento do conde d'Eu, ocorrido oito anos antes em 28 de agosto de 1922, quando a bordo do *Massilia* vinha ao Brasil para as comemorações do centenário da Independência. A matéria reavivava a memória do Império e o papel dinástico de D. Isabel na visão dos monarquistas:

> Em nossas águas, ansioso por rever o berço que a sua Augusta consorte, S.A.I. a Princesa Isabel, perdera, a morte ceifara aquela vida gloriosa, tantas vezes arriscada como general em chefe das forças brasileiras, nos campos do Paraguai.
> No exílio em palestra com brasileiros, não deixava o velho fidalgo de indagar da sorte dos pretos, por amor de quem sofria duros revezes, e, não raro se referia com satisfação ao ato humanitário da filha de Pedro II.[7]

---

7 *Progresso*, n. 27, ano III, 20 ago, 1930, respeitado o original.

A associação entre Gastão de Orleans e a libertação dos escravos obedecia à estratégia de incentivar a fidelidade à Família Imperial entre os negros. Além de apresentar aos leitores pequenas biografias dos Orleans e Bragança, Arlindo introduziu na cultura política veiculada pelo jornal a questão dinástica que dividia os monarquistas desde a renúncia de D. Pedro, filho primogênito de D. Isabel e do Conde d'Eu à posição ocupada na linha sucessória. A situação do segundo filho, D. Luís, considerado por uma das alas monarquistas o herdeiro presuntivo do trono se restaurado, era questão polêmica e enfrentá-la exigira do grupo patrianovista aceitar como legítima a renúncia do primogênito ocorrida em 1908. Embora falecido em 1920, D. Luís deixara descendência e sobre ela os patrianovistas depositavam as esperanças de restauração. Mais especificamente, sobre seu filho D. Pedro Henrique. Abraçar tal propósito exigia, sem dúvida, não apenas apresentar o pretendente ao trono restaurado, mas estabelecer sua linhagem. Para isso, o noticiário sobre os vultos do Império esclarecia quem era D. Luís de Orleans e Bragança:

> A efeméride de 26 de março de 1920, assinala a morte em Cannes, França, do saudoso príncipe D. Luís de Orleans e Bragança, tombado aos 42 anos, em consequência de moléstia contraída na rude campanha do Yser, na grande guerra.
> Descendia o príncipe de três das mais ilustres casas principescas – Bragança, Orleans e Habsburgo, e era segundo filho dos Condes d'Eu, sendo neto materno do Imperador D. Pedro II e bisneto paterno do duque de

Chartres, eleito, em 1830, rei dos franceses, com o nome de Luís Felipe I.⁸

A notícia expressava o grupo da Pátria-Nova, que difundia no *Progresso* reconhecimento da legitimidade do ramo descendente do segundo filho da Princesa Isabel. A opção foi claramente definida na edição de 28 de setembro de 1930, quando a propósito do aniversário natalício de D. Pedro Henrique, ocorrido em 13 de setembro, o jovem de 21 anos de idade foi apresentado como "herdeiro presuntivo do trono brasileiro":

> O atual herdeiro do trono do Brasil, que reside em Paris, fala correntemente o português e se interessa vivamente por tudo quanto se relaciona ao seu país. Fez com distinção, o seu curso de preparatórios e tem uma notável predileção pelas viagens, tendo percorrido quase todo o mundo. Reside habitualmente no palácio de Boulogne-sur-Seine e durante o inverno se transporta para a sua residência em Cannes.⁹

E mais, em sua homenagem, segundo o jornal, o doutor Arlindo mandara rezar missa de ação de graças na basílica de São Bento.

Era a primeira vez que o jornal noticiava a existência do jovem príncipe em quem os patrianovistas depositavam as esperanças de restauração. Não o fez sem astúcia. Na página seguinte, novo texto abordava o outro lado da questão dinástica, apenas aflorada, a posição de D. Pedro de Orleans e Bragança, o filho primogênito do ramo da família exilada. Também foi inédita sua presença no jornal, que abriu

---

8   *Progresso*, abr. 1931.
9   D. Pedro Henrique. *Progresso*, ano III, n. 29, 28 set. 1930, p. 1.

espaço para outra pequena biografia na qual com elegância foram colocadas distinções mobilizadoras de simpatias e lealdades. A matéria "Conversando com o filho da Redentora" relata uma entrevista por ele concedida a um representante não identificado do jornal, acompanhado de seu filho Pedro Gastão. Sutis distinções marcaram o esboço biográfico, pois além dos elogios de praxe sobre o conhecimento do Brasil pelo príncipe, em visita a São Paulo, traços distintivos eram sugeridos aos leitores. Teria visitado a fazenda do coronel Procópio Sobrinho, em Porto Ferreira, onde em um banquete teria visto a "mucama lidando com pesados caldeirões" e fora "servido pela crioulinha de saia e blusa".[10] Distinções de estilo de vida e de contatos: um na Europa, em vida principesca, cosmopolita, estudado, viajado; outro em contato com fazendeiros escravocratas. Para os iniciados, mensagem completa. Para os não inteirados dos meandros da questão dinástica, ficava a mensagem que construía uma opção política inimaginada pelos leitores.

Por seu lado, o jovem D. Pedro Henrique apoiou discretamente os esforços do movimento patrianovista, com raros pronunciamentos sobre a causa monarquista, inicialmente correspondendo-se com Sebastião Pagano e por meio dele, a todo o grupo da Pátria-Nova:

> O ideal que vos enche a alma e que em vibrantes palavras m'o demonstrais pela carta que tivestes a gentileza de dirigir-me, toca meu coração afetivo.
> Reconhecido em extremo a essa manifestação de apreço, como brasileiro e como amigo vos rendo um preito de fidelidade.

---
10 Conversando com o filho da Redentora. *Progresso*, ano III, n. 29, 28 set. 1930, p. 2

> Se de pronto não acusei vossa carta, foi porque estive em demoradas viagens e excursões, visitando diversos pontos do continente Europeu. Peço, pois, ao Sr. Sebastião Pagano e aos seus dignos companheiros, os senhores: Veiga dos Santos, Joaquim Dutra da Silva, E. Lopes, Paulo Dutra da Silva, Carlos Prado, Paulo Sawaya, Benedito de Paula Santos, Guilherme de Felipe, queiram aceitar os meus cordiais cumprimentos e votos de felicidade para o ano novo de 1929.
> Seu mui afeiçoado amigo
> (as.) Pedro Henrique[11]

Hesitação muito compreensível, dada a novidade do renascer da causa monarquista e a distância que separava o príncipe dinástico das terras brasileiras. Posteriormente, em nova carta, desta vez endereçada à chefia da Pátria-Nova, a estranheza dava lugar ao apoio cauteloso:

> Noto com extremo prazer que grandemente se propaga no Brasil a ideia de restauração do regime político que deu à minha Pátria largos anos de paz e prosperidade, e no qual a uma tranquila confiança se aliava a preciosa segurança individual. Nesse sistema de governo destacou-se nobremente a figura imortal de D. Pedro II, modelo de honestidade e de acrisolado patriotismo. Eu, pela vontade divina, direto descendente do grande Imperador, que deixou no espírito dos brasileiros impagável e saudosa recordação, procuraria, no trono dos meus

---
11 Carta de D.Pedro Henrique a Sebastião Pagano, Boulogne-sur-Seine, 7 dez. 1928.

antepassados, imitar o homem a quem o Brasil deveu o nome honroso de que sempre gozou no estrangeiro, e a brilhante e respeitada situação perante todas as nações do mundo. Sou extremamente grato aos patrióticos esforços da Associação Monárquica que corajosamente defende os princípios de um governo que trouxe à nossa amada terra a liberdade e hoje é desejado por aqueles que mais ardentemente almejaram a atual forma política. Nesses lamentáveis dias que o nosso país atravessa, e em que se dissipam as ilusões dos sinceros republicanos, a aspiração da "Pátria-Nova" encontra mesmo entre aqueles que mais convictamente combatiam o princípio que eu represento (...).[12]

Paralelamente a essa movimentação, uma estratégia astuciosa de infiltração da propaganda monarquista semelhante à que ocorria na mesma época no *Progresso* ocorreu no *Clarim d'Alvorada*. Publicado desde 1924, por Jim de Araguary (Jaime de Aguiar) e José Correia Leite, esse jornal abrira espaço cauteloso para Arlindo, que ali divulgou em janeiro de 1927 a poesia À *Gente Negra* quando ainda militava no Centro Cívico Palmares. Ali também seu irmão Isaltino conseguia inserir algumas notas assinadas sobre o preconceito racial. Pouco a pouco Arlindo conquistava espaço e ia fazendo sua militância para a construção de um monarquismo popular, fundamental no seu projeto político.

Desde a fundação da Pátria Nova tornou-se mais intensa a presença de Arlindo no *Clarim d'Alvorada*, onde publicou o artigo "Restos do Passado" que lamentava a sorte dos negros veteranos da

---
12 Carta de D.Pedro Henrique à Pátria-Nova, Boulogne-sur-Seine, 25 fev. 1933.

Guerra do Paraguai. Seguiram-se novas fotos, pequenas notas, com as quais aumentava sua presença no jornal em 1928-1929. O jornal começou então a publicar notas e artigos sobre a Família Imperial exilada, que embora não assinados, podem ser atribuídos à sua presença e de outros simpatizantes da monarquia no *Clarim*. Fomentavam a admiração pelos Orleans e Bragança ao mesmo tempo em que instruíam os leitores sobre os meandros da sucessão dinástica. Novamente a rememoração do aniversário do falecimento de D. Isabel, a Redentora, as circunstâncias de seu exílio na França, sua descendência, o falecimento dos dois filhos mais novos, D. Luís e D. Antônio, tudo contribuía para a educação monarquista dos leitores do *Clarim*. A eles era lembrado constantemente o papel da princesa no fim do cativeiro, pequenas biografias dos membros da família avivavam a reverência à casa de Bragança e retiravam-na do esquecimento em que caíra após o falecimento de D. Luís, em 1920, o último descendente do Imperador a reivindicar a restauração do trono.

Lembrar o príncipe falecido aos 42 anos de idade, em 1920, deixando órfã uma ala dos monarquistas no Brasil, significava reavivar a chama das campanhas restauradoras do início da República, que nele depositaram esperanças. Era assumir uma posição clara no campo político monarquista ao reconhecer a legitimidade da descendência do "príncipe perfeito" em caso de ser vitoriosa a restauração. Seu filho D. Pedro Henrique, considerado herdeiro político, residia na Europa, e pouco a pouco voltava-se para as coisas e as gentes do Brasil. Sacudir a memória, superar o esquecimento, era o intento do artigo de Ricardo Gambleton Daunt, publicado destemidamente no *Clarim d'Alvorada* em treze de maio de 1929.[13] Os monarquistas faziam brecha no jornal

---

13 DAUNT, Ricardo. D. Luís de Orleans e Bragança. *O Clarim d'Alvorada*, n. 16, 13 maio 1929.

e sua estratégia não passava despercebida. Mas seria entendida pelos leitores? Qual o efeito que causava entre os menos instruídos e politizados? Não faltaram os que estabeleceram as devidas conexões entre o remexer no passado e o projeto patrianovista e o expressaram em críticas veladas, acessíveis aos iniciados nos meandros da política. Novamente o trabalho de contra-memória se fazia presente com a afirmação do valor dos abolicionistas negros, sobretudo Luís Gama e José do Patrocínio.

No contexto da Revolução de Outubro de 1930 e da derrocada do domínio oligárquico da República Velha, várias matérias foram publicadas acenando com uma memória rediviva de sabor monarquista. Incidiam como de costume sobre D. Isabel e seu pai, o imperador, seu esposo, o conde d'Eu, mas outros vultos do Império foram também prestigiados. A História dos vultos associados à abolição era oferecida em doses pequenas porém constantes aos leitores do *Progresso*.

Em 1931, a campanha continuava e pipocavam no jornal pequenas notas como esta sobre a imperatriz D. Leopoldina e a princesa D. Paula Mariana, que em suas sepulturas no Convento de Santo Antônio foram objeto de homenagem pelo Centro Universitário Monarquista do Rio de Janeiro. O reacender das esperanças de restauração era alimentado pela reviravolta na velha ordem republicana dos fazendeiros, que haviam derrubado o trono, e pela perspectiva de um terceiro reinado com o jovem D. Pedro Henrique.

A propaganda monarquista feita por Arlindo no movimento negro é reconhecida em depoimentos de diversos militantes, entre eles o insuspeito Correia Leite, seu inimigo declarado e irreconciliável. Seu relato sobre a questão da propaganda monarquista é lapidar embora dele se possa discordar:

> O Arlindo Veiga dos Santos era um sujeito muito insinuante, carismático e estava rodeado por uma porção de negros analfabetos e que não entendiam nada de Patrianovismo, de ideias monarquistas, prá eles não interessava, o que eles viam boquiabertos era aquele negro bem-falante.[14]

Descontado o ressentimento, é possível discordar da interpretação, pois em que pesasse o baixo grau de instrução dos ouvintes de Arlindo nos discursos arrebatadores, havia um substrato de cultura política que tornava possível a identificação: a reverência à Princesa Isabel e o reconhecimento da obra dos abolicionistas brancos, estadistas do Império. Era nisso que ele apostava para seu proselitismo, pois jamais nos escritos desse período encontra-se fundamento teórico da defesa da monarquia.

---

14 Depoimento de José Correia Leite in: BARBOSA, Márcio (org.). *Frente Negra Brasileira: depoimentos/entrevistas e textos*. São Paulo: Quilombhoje, 1998, p. 66.

CADERNO DE IMAGENS

Imagem 12 - Liberdade (*O Clarim d'Alvorada*, 13/05/1928).

Imagem 13 - Treze de maio
(*O Clarim d'Alvorada*,
13/05/1927).

O Cavaleiro Negro 107

Imagem 14 - Salve Treze de maio (*O Clarim d'Alvorada*, 13/05/1926).

Imagem 15 - Isabel, a Redentora (*Progresso*, 20/08/1930).

Imagem 16 - Homenagem a D. Pedro II (*Progresso*, dezembro de 1930).

Imagem 17 - Homenagem a D. Isabel (*Revista Ilustrada*, 29/07/1888).

Capítulo 6 - Congresso da Mocidade Negra

Desde a fundação do jornal O *Clarim*[1] por Jaime Aguiar e Correia Leite em 1924, germinava em São Paulo o projeto de uma entidade agregadora de todas as associações negras já existentes na cidade.

Logo no ano seguinte, em 1925, O *Clarim d'Alvorada* fez campanha para a formação de um partido político, o Congresso da Mocidade dos Homens de Cor, ideia que não prosperou dadas as disputas de poder, as desconfianças e o temor de um direcionamento segregacionista do projeto. Na sequência houve outras tentativas de unificação de militantes, entre elas, em 1926, os projetos da Associação Cristã dos Moços de Cor e do Primeiro Congresso de Pretos do Brasil. Nenhum deles alcançou êxito, embora sua causa atendesse aos anseios de grande parte da população negra, os jovens estavam acuados pela ausência de perspectivas de um futuro melhor em termos sociais, econômicos e políticos.

Em 1929, a desagregação do Centro Cívico Palmares motivou nova tentativa com o projeto de um Congresso da Mocidade Negra de São Paulo, toque a rebate para reunir lideranças em torno de uma

---

1   O jornal denominou-se O Clarim na primeira fase (desde a fundação em 6 abr. 1924) e em seguida foi renomeado O *Clarim d'Alvorada* (de 13 maio 1924 a 5 fev. 1932). Desapareceu então e só ressurgiu em 1949.

ação integracionista e de reivindicação de direitos civis e políticos. Jornalistas, diretores de associações recreativas e lideranças diversas se mobilizaram para angariar fundos. Arlindo Veiga dos Santos estava bastante envolvido neste movimento e com entusiasmo publicava artigos no *Clarim d'Alvorada* em defesa da união e organização dos negros em perspectiva nacionalista de integração das três raças. Negros e índios eram por ele identificados como as "raças de cor", colocadas no mesmo patamar de exclusão social e deveriam reivindicar um espaço maior na sociedade brasileira:

> Pertencemos nós, os filhos das duas raças de cor que figuram o Brasil (o negro e o índio), à atual coletividade brasileira livre. No passado, influenciamos nos negócios nacionais; além do mais, e antes de tudo, pela força trabalhadora e guerreira. Hoje precisamos influir pelo pensamento, sobretudo porque o trabalho de todas as espécies já está suposto: o negro sempre trabalhou e ainda trabalha (...).
> Trabalharemos por chamar à consciência, às vezes latente, todos os componentes da gente de cor do Brasil, porque, sem embargo do que possam rosnar os pedantes das suspeitas ciências antropológicas e etnológicas que levam certos sábios às conclusões estúpidas contra a identidade nacional brasileira, os princípios nossos é que hão de salvar o Brasil desse caos que os "sábios" estabeleceram com suas teorias macaqueadoras e de contrabando.[2]

---

2 SANTOS, A. V. dos. Ação dos negros brasileiros. *O Clarim d'Alvorada*, São Paulo, 15 jan. 1927, p. 5.

Arlindo demonstrava conhecimento das teorias antropológicas difundidas na época e mesmo sem mencionar autores ou obras reagia à desqualificação por elas feita contra raças consideradas inferiores, mediante a imputação de que seriam responsáveis pelo atraso no desenvolvimento do Brasil.

É provável que em 1929, no bojo da tentativa de organização do Congresso da Mocidade Negra, o fim a ser alcançado estivesse na formação de uma nova entidade agregadora das associações já existentes e o *Clarim d'Alvorada* foi porta-voz dessa intensa mobilização entre fevereiro e setembro de 1929. Correia Leite tocou a rebate pela "reabilitação" dos negros e Gervásio Moraes levantou-se para criticar a situação em que viviam, uma vez que a Constituição lhes dera a liberdade física mas permanecia a "escravidão moral".[3] Anunciava-se que um Manifesto à Raça estava sendo elaborado por uma "comissão intelectual".

Arlindo alcançou destaque nessa campanha e o *Clarim d'Alvorada* abriu espaço para publicar seus artigos e manifestos mobilizadores. Desde janeiro de 1929, fotos acompanhavam seus textos publicados no jornal e faziam sua apresentação aos leitores, prática usual entre os colaboradores do periódico. Foi vinculado à direção do Palmares, à Faculdade de Filosofia e Letras de São Bento, às associações católicas, identificado como jornalista, poeta, redator do *Mensageiro da Paz*, honesto, enfim, com muitas qualidades para angariar simpatias e adesões. Estrela em ascensão no meio negro, catalisava a luta pelo projetado Congresso da Mocidade. Passara a pertencer ao grupo de ativistas que lutavam em busca de um futuro mais digno: Correia Leite, Gervásio Moraes, Jaime de Aguiar, entre outros. Recebeu logo a incumbência de redigir o manifesto de lançamento do Congresso.

---

3   MORAES, Gervásio. A Mocidade Negra. *O Clarim d'Alvorada*, n. 13, 3 fev. 1929.

Não hesitou em apontar as mazelas do preconceito em sua *Mensagem aos Negros Brasileiros*,[4] de maio de 1929. Evitou a abordagem teórica, descabida num jornal dessa natureza, porém buscou apoio em intelectuais consagrados que haviam atentado para a questão do negro na sociedade republicana e apontavam a necessidade de mudança. Com eles, e no seu estilo peculiar de redação mediante colagem de fragmentos de textos de diversos autores, desfiava referências legitimadoras de seu discurso nacionalista eclético: Fustel de Coulanges, Silvio Romero, Assis Chateaubriand, Farias Brito, Álvaro Bomilcar, Tristão de Athayde, Rocha Pombo, Augusto de Carvalho, Afonso Celso. Com autores sem dúvida vinculados ao catolicismo e ao nacionalismo construiu um quadro multifacetado onde o passado cativo e a situação atual do negro se entrelaçavam em relação de causa e efeito. Evidentemente, o texto não era dirigido às massas, sua sofisticação ultrapassava a peculiar exposição arrebatadora dos oradores negros, mas tratava-se de um texto de combate que expressava posições da Comissão Intelectual organizadora do Congresso.

Nessa *Mensagem*, a História, a Etnografia e a Sociologia foram chamadas para afirmar o valor do africano na formação da nacionalidade brasileira. Segundo sua leitura, a escravidão teria moldado os hábitos e costumes do negro e feito dele produtor de riquezas, sem que disso lhe resultasse proveito. Considerava a exclusão injustificável pelo fato de ser o Brasil uma nação de mestiços: o sangue negro corria nas veias de todos os brasileiros e o cruzamento era benéfico à nação pelas qualidades do negro, considerado "raça afetiva" e nobre. Arlindo amparava-se no nacionalismo dos anos 1916-1920 para exaltar e valorizar o negro na formação da nacionalidade, para melhor

---

4   SANTOS, A.V. dos. Mensagem aos Negros Brasileiros. *O Clarim d'Alvorada*, 9 jun. 1929, n. 17.

combater o preconceito de raça ou de cor e dar-lhe, bem como ao "mestiço" – leia-se mulato – o "ponto de honra" que lhe cabia na "evolução brasileira".

Na segunda parte do manifesto, a palavra foi dirigida diretamente aos "patrícios", isto é, os negros de São Paulo e do Brasil, denominação bastante comum no vocabulário da época, num estilo mais acessível aos "bons negros humildes e sofredores silenciosos", que conclamava ao congresso a ser realizado em breve.

O argumento mobilizador baseou-se na denúncia da situação de miséria da Gente Negra do Brasil do ponto de vista intelectual, moral, econômico e físico. Expressava consternação pelo preconceito e pela situação degradada e humilhante do negro, vítima da "cegueira política" e das perniciosas "ondas estrangeiras e estrangeirizantes", apesar de ser ele responsável pela construção do Brasil, do ponto de vista econômico e político (lutas pela Independência e na Guerra do Paraguai pela identidade, unidade e independência nacionais) e racial (resistência física ao clima tropical), coragem, resignação diante das misérias, valor na atividade artística.

O Brasil contemporâneo foi interpretado como obra das gerações passadas e carente de "solidariedade racial", pois embora a Constituição garantisse direitos a todos, na "vida real", a situação era bem outra. Os negros espoliados não podiam ingressar na burocracia, eram afastados da educação formal e da formação intelectual, moral e religiosa, dos orfanatos, hospitais e casas de assistência social. Em situação de competição pelo emprego, eram preteridos e impedidos de "ganhar o pão de brasileiros e humanos". A situação configurava inferioridade e desprestígio face ao nacional branco e ao estrangeiro, diagnosticava a *Mensagem*.

E mais, afirmava que os protestos isolados não resultavam em êxito, por vezes até terminavam em tragédia e enquadrados como crimes comuns no Código Penal. "Somos a caricatura ambulante do grande Brasil da epopeia de 300 anos". Negros "esbulhados de posses pessoais e coletivas", não dispunham de assistência jurídica para suas causas. A luta era contra o preconceito de raça e de cor, que não sensibilizava os dirigentes da nação, os quais, motivados pelo arianismo, prefeririam investir no branqueamento, mediante incentivo à vinda de imigrantes.

A reação se esboçava, porém, de acordo com a *Mensagem* que clamava pelo fim do abandono, pelo despertar. Despertar com espírito nacionalista, ancorado nas "tradições raciais e religiosas do Brasil". Uma mudança dentro da ordem, a ser promovida no sentido da integração do negro em todos os aspectos da vida brasileira (político, social, religioso, econômico, operário, militar). Igualdade perante a lei, era o objetivo ansiado. Contra as correntes arianizantes de pensamento e de política – defendida por exemplo na obra de Oliveira Vianna – que colocavam o negro, o índio e o mestiço "à margem da vida nacional".

Como realizar a tarefa hercúlea? Com o amparo da fé católica: "Deus o quer". Mais especificamente, "pela educação e levantamento moral, intelectual e econômico, bem como pela organização das nossas famílias, e especialmente da nossa mocidade, esperança de melhor futuro – dentro do espírito tradicional da Nacionalidade". Não romper com a ordem, mas fazer dentro dela uma grande mudança. Para isso, cada indivíduo deveria ser "um soldado contra a decadência dos nossos costumes, contra o derrotismo dos perversos e traidores, contra a ignorância e protervia [sic] dos preconceitos existentes".

A apoteose do texto consistiu na exortação imperativa da Gente Negra a participar do congresso, sobretudo os "moços patrícios". Pela pátria e pela raça era o brado de combate dos congressistas inspirados na epopeia de Palmares. O programa poderia ser endossado sem dificuldades por todas as correntes do movimento negro, na época basicamente integracionista.

A mobilização para o projetado Congresso foi intensa nesse ano de 1929, extrapolou as páginas da imprensa para transbordar numa passeata cívica. A cultura política paulistana durante a Primeira República comportava esse tipo de manifestação mobilizadora de multidões em busca de apoio dos jornais mais importantes da capital. Esta não foi uma exceção. Começou junto ao busto de João Mendes, na praça homônima, e durante o percurso houve várias paradas para discursos. A marcha seguiu pelas ruas do Riachuelo e Líbero Badaró, alcançou o Viaduto do Chá, subiu a Xavier de Toledo até a Consolação, onde no cemitério do mesmo nome foi homenageado o abolicionista Antônio Bento. Diante de seu túmulo discursaram Vicente Ferreira, professor e grande orador, além do "distinto moço dr. Veiga dos Santos", que com "entusiasmo de moço" apontou os "graves perigos das correntes imigratórias". Mereceram também homenagem Luís Gama e José Bonifácio de Andrada e Silva, cujos túmulos foram novamente palco de discurso de Arlindo. Mobilizados para o movimento integracionista, ocuparam espaços públicos e lugares da memória com manifestações coletivas para se fazer ver e ouvir. As ruas e principalmente as praças foram utilizadas como tribunas para fortalecer o sentimento identitário fundamental para a luta.

A julgar pela descrição publicada no *Clarim d'Alvorada*, o evento provocou grande emoção entre os participantes, ao alcançar o momento apoteótico nas escadarias da Catedral da Sé, onde lanternas venezianas e as bandeiras do Brasil e de Portugal foram levantadas, em presença de famílias, crianças e jovens. Após o espetáculo *aux flambeaux*, a caravana prosseguiu em romaria às redações dos jornais *São Paulo, Diário Nacional, Folha da Manhã, Folha da Noite, Correio Paulistano, O Estado de São Paulo, Diário de São Paulo* e *Jornal do Comércio*. A campanha de sensibilização para a luta pelos direitos dos negros passava pela conquista da simpatia da grande imprensa.[5] Não bastava manter os jornais de e para negros, era importante que a imprensa dos "brancos"– a grande imprensa – apoiasse a luta contra o preconceito.

Não faltou, de fato, empenho para superar o fracasso do Centro Cívico Palmares, atribuído a Gittens, que segundo o *Clarim* "consumiu a obra dos negros brasileiros".[6] Porém novamente as desconfianças, as rivalidades e o temor difuso de uma ação segregacionista que isolasse ainda mais os negros impediu a realização do congresso. Em setembro de 1929 notícias desanimadoras mostravam o sepultamento do projeto. Não é de se desprezar a possibilidade de ele ter sido objeto de luta pela condução política do movimento, pois o Partido Comunista do Brasil (PCB) desde 1928 vinha seguindo uma tática de mobilização das massas para um movimento revolucionário. À fundação da Juventude Comunista em 1927 seguira-se a realização do Primeiro Congresso da Juventude Comunista em 1929, do qual resultara a adoção de ação mais ativa nos setores recreativos e culturais, além da intensificação da propaganda nos departamentos juvenis nos sindicatos.

De outro lado, a reação dos "brancos" não se fez esperar. O *Diário da Noite* manifestou-se contrário ao movimento por ver nele uma

---

5   *O Clarim d'Alvorada*, n. 17, 9 jun. 1929.
6   *O Clarim d'Alvorada*, n. 13, 3 fev. 1929.

ameaça à ordem social. De fato, era inusitado o movimento integracionista que ocupava as ruas da capital.

Mesmo com o fracasso do projeto do Congresso da Mocidade, permaneceu a semente da necessidade de união para uma luta mais eficaz. Com obstinação, Arlindo prosseguia a incansável e fecunda militância publicando poesias, a lembrar o heroísmo do negro e seu protagonismo na História. *Herói esquecido* condensou de modo lapidar o apelo:

> Ninguém olhou o Negro... Voz alguma
> Se ergueu para dizer que, se sofria,
> No seu sofrer, caliginosa bruma,
> Nova Raça em seu sangue se fazia.
>
> A ingratidão legou que se resuma
> No luso, nas bandeiras, na bravia
> Gente cabocla ou Índia, o que avoluma
> A epopeia da Pátria que nascia.
> (...)
> E o Negro – grande Gente e miserável,
> Vive à margem da Pátria "amável"
> Num abandono que a piedade move.[7]

Contribuía com seus escritos engajados para a formação da consciência da legitimidade da luta por justiça social. Lutava contra a apatia, o conformismo e a descrença na possibilidade de um futuro melhor. Somava com os que procuravam o "alevantamento" do negro. Acabaria por se tornar membro da Sociedade Cooperadora que mantinha O *Clarim d'Alvorada*.

---

7 O *Clarim d'Alvorada*, n. 22, 24 nov. 1929.

Capítulo 7 - Frentenegrino

Nessa época, caminhavam juntos os remanescentes do Palmares, o grupo do *Clarim d'Alvorada* e jornalistas de variada inserção na imprensa negra. A efervescência no meio era grande, no bojo das transformações políticas ocorridas desde a revolução de 1924 em São Paulo. Com a crise e o fim da República Velha, em 1930, surgira um "sentimento generalizado entre os negros sobre as novas oportunidades de participação política criadas pela mudança de regime", pois parecia ter chegado ao fim o domínio político do PRP.[1] Traduzia-se inclusive na vitalidade da imprensa negra que circulava em São Paulo, cerca de trinta títulos de periódicos, de pequena tiragem e circulação precária. Segundo Clóvis Moura, neles "se encontram estilos de comportamento, anseios, reivindicações e protestos, esperanças e frustações dos negros paulistas".[2]

Avolumava-se a luta pela integração do negro e do mulato na vida social em pé de igualdade com os "brancos", para que as oportunidades de trabalho, educação e inserção social ampla não se pautassem

---

1   ANDREWS, Geoge Reid. O protesto político do negro em São Paulo - 1888-1988. *Estudos Afro-Asiáticos*, (21): 27-48, dez. 1991, p. 32.
2   MOURA, Clóvis. *Sociologia do negro brasileiro*. São Paulo: Ática, 1988, p. 205.

pelo preconceito. No bojo da legislação trabalhista que o governo Vargas ia aos poucos construindo, a nacionalização do trabalho ocupava lugar de destaque. A Lei da nacionalização do trabalho – a lei dos 2/3 de 1931 – fixou o mínimo de brasileiros natos para trabalhar nas indústrias e estabelecimentos comerciais e paralelamente foram reduzidas as cotas de imigração. Arlindo conseguia espaço cada vez maior no *Clarim d'Alvorada*, no que publicava artigos e notas sobre essa questão. Não tardaria a se destacar novamente na organização dos negros em São Paulo.

O depoimento de Pedro Paulo Barbosa concedido a Miriam Ferrara esclarece alguns aspectos do início da Frente Negra Brasileira (FNB): "A Frente Negra Brasileira começou nos baixos do relógio da Praça da Sé, com reuniões ao ar livre".[3] Seu testemunho ancorava-se nesse lugar da memória que havia se tornado a "praça cívica da cidade".[4] Embora Francisco Costa Santos tenha sido o idealizador e primeiro organizador da FNB, os irmãos Veiga dos Santos desempenharam papel fundamental na reunião das forças para a fundação da entidade. Inicialmente havia-se pensado em Isaltino para chefiá-la, mas diante de sua recusa, cujo motivo permanece desconhecido, a direção acabou passando-a para Arlindo. Em setembro de 1931, quando o projeto já estava bem avançado, Arlindo publicou um artigo de lançamento da Frente Negra Brasileira no *Clarim d'Alvorada*. Construía passo a passo sua liderança no movimento, sempre em parceria com Isaltino. Atuava com discursos e escritos teóricos e seu irmão, no meio artístico.

---

3   FERRARA, Miriam Nicolau. *A imprensa negra paulista (1915-1963)*. São Paulo: FFL-CH/USP, 1986, p. 62.

4   SEVCENKO, Nicolau. *Orfeu extático na metrópole. São Paulo - sociedade e cultura nos frementes anos 20*. São Paulo: Companhia das Letras, 1992, p. 103.

A pesquisa realizada por Renato Jardim Moreira, da qual participou José Correia Leite, esclarece a pluralidade de direcionamentos no movimento, que comportava também militantes de esquerda. Um dos entrevistados, provavelmente o próprio Correia Leite, tece um panorama do espectro político no momento da fundação da FNB:

> A partir da Guerra de 14-18, começou a efervescência dos negócios de ismos (socialismo, comunismo). Frequentei reuniões da U.T.G., onde se embaralhava a revolta do negro com reivindicações do proletariado. Nas nossas rodas de conversa apareciam negros e brancos envolvidos nas teorias marxistas. Estes diziam que a posição verdadeira do homem negro era lutar contra a ordem social, pois a culpada da situação era a exploração do regime capitalista. Falavam de um famoso pintor mexicano que tinha feito um mural onde aparecia Lenine no meio de dois trabalhadores: um branco e um negro, com as mãos entrelaçadas, tendo Lenine as mãos sobre eles. Teve também intensa repercussão no meio negro o caso de Scotbar, pois nessa ocasião os comunistas trabalharam intensamente entre os negros no sentido de demonstrar que haviam tomado a defesa, através de seu socorro vermelho, daqueles sete negros acusados, por mulheres brancas, de as haverem violentado. Ficou provado que essas mulheres eram prostitutas.[5]

---
5   Apud FERNANDES, Florestan. Op. cit., p. 12.

Essas tendências digladiaram-se pela condução da FNB. Já no seu início, havia divergências entre o grupo dos irmãos Veiga dos Santos e o grupo do *Clarim d'Alvorada*, onde se situava Correia Leite. Antes mesmo da votação dos estatutos, travou-se disputa acirrada pelo controle da entidade que estava sendo criada. De um lado, os católicos e conservadores, de outro, os que empunhavam a bandeira socialista/comunista. Um e outro ainda não haviam se mostrado em todas as suas cores, mas mantinham o ânimo belicoso e a indisposição para a composição política, porque nesta época, a luta integracionista já estava cindida pela dimensão política cada vez mais acentuada.

No primeiro momento, quando ainda parecia possível o acordo, haviam sido reservados para Correia Leite os cargos de membro do Conselho e diretor de redação da nova entidade. No entanto, já na votação dos estatutos, as divergências explodiram. Não se pode deixar fora de perspectiva o projeto inicial de frente aglutinadora de lideranças e movimentos diversos, com resultado heterogêneo quanto às orientações políticas. Mas os estatutos elaborados por Arlindo indicavam sua conquista da hegemonia na nova entidade.

A fundação oficial, com a votação dos estatutos, ocorreu em 16 de setembro de 1931 na cidade de São Paulo, no Salão da Associação das Classes Laboriosas, situado à Rua do Carmo n. 25, próximo à Praça da Sé. O Salão em estilo *art déco* foi local de referência para o movimento operário pois nele se realizavam comícios, solenidades, teatro, festividades. Participaram militantes já consagrados, entre eles Alberto Orlando, Francisco da Costa Santos, David Soares, Horácio Arruda, Vitor de Sousa, João Francisco de Araújo, Alfredo Eugenio da Silva, Oscar de Barros Leite, Roque Antônio dos Santos, Gervásio Morais, Cantidio Alexandre, José Benedito Ferraz, Leopoldo de Oliveira, Jorge

Rafael, Constantino Nóbrega, Lindolfo Claudino, Ari Cananéa da Silva, Messias Marques do Nascimento e Justiniano Costa.

Segundo o testemunho de Raul Joviano do Amaral, no dia 12 de outubro de 1931 no Salão das Classes Laboriosas, com a presença de mais de mil negros, os estatutos foram lidos e aprovados, sob a condução de Arlindo (presidente da sessão), Isaltino (secretário), Alberto Orlando (orador oficial). Do Grande Conselho recém-constituído participavam Francisco Costa Santos, David Soares, Horácio Arruda, Vitor de Sousa, João Francisco de Araújo, Alfredo Eugenio da Silva, Isaltino Benedito Veiga dos Santos, Alberto Orlando, Arlindo Veiga dos Santos e Oscar de Barros Leite.[6]

Já naquele momento as fraturas estavam claras para os fundadores, tanto que o *Clarim d'Alvorada* passou a publicar matérias de chamado à união. Embora não assinadas, traziam mensagens provocativas e ao mesmo tempo, insistiam na necessidade de superação das diferenças em prol da obra maior.[7] Mediam-se forças em torno da "ressurreição negra". Para reforçar o grupo dos católicos, Antônio Cunha publicou um artigo em defesa de Arlindo como membro da vanguarda frentenegrina e um apelo à união em torno de seu nome, por ser ele "moço preclaro, merecedor de toda nossa confiança, que conta com companheiros de predicados precisos, para uma obra dessa natureza, portanto hão de nos dar um programa (...) digno de apreciação e da adesão de toda a raça".[8] O jornal incentivava o movimento frentenegrino, mas ao mesmo tempo tornava pública a disputa pela sua direção.

---

6   Depoimento citado em FERRARA, 1986, p. 66-67.
7   Nosso dever é enfileirarmos. *O Clarim d'Alvorada*, n. 36, 28 set. 1931.
8   CUNHA, Antunes. A Ressurreição Negra. *O Clarim d'Alvorada*, n. 36, 28 set. 1931.

No campo oposto ao dos irmãos Veiga dos Santos, farpas sem assinatura atacavam a interpretação do Treze de Maio, considerado uma mentira por ter deixado o povo negro "no mais completo abandono, para melhor servir a causa da nossa arianização". Conclamava à "união político social da raça negra brasileira"[9] e evocava o passado para contestar a versão do processo abolicionista como dádiva da princesa Isabel. Não por acaso, a bandeira da entidade ostentava uma palmeira, referência ao quilombo de Palmares, nas cores branco, vermelho, preto e verde.

É possível que a correlação de forças estivesse dimensionada com otimismo por Correia Leite durante a fase de planejamento da entidade, mas seu relato dá conta de posições políticas inconciliáveis, que já vinham minando sua participação no grupo fundador, e se digladiaram no momento da votação dos estatutos. Não conseguiu adeptos em número suficiente para imprimir sua liderança na entidade, que se encaminhava para a constituição de um bloco monolítico do ponto de vista da orientação política. É o que diz em seu depoimento:

> Quando nós chegamos ao Palacete Santa Helena,[10] fomos barrados. Não deixaram a gente entrar e os estatutos foram aprovados. Eu era membro do conselho e mesmo assim não me deixaram entrar, porque sabiam que eu ia denunciar aquela coisa do Arlindo Veiga dos Santos estar usando a Frente Negra prá veicular as ideias monarquistas do patrianovismo

---

9   *Frente Negra do Brasil*. O Clarim d'Alvorada, n. 36, 28 set. 1931.

10 Aqui nota-se uma inconsistência dos dados levantados, pois o depoimento não confere com outros documentos onde a fundação se deu no Salão das Classes Laboriosas. Possivelmente Correia Leite confundiu o local da fundação com a primeira sede da associação.

dele. Eu fui consignado para participar do conselho da Frente Negra antes da aprovação dos estatutos. De modo que quando houve a assembleia para a aprovação, aí que iam formar legalmente o conselho, que já tinha sido escolhido antes, quando aprovaram os estatutos, com apenas dez artigos, comecei a pensar na minha demissão.[11]

Entre os dois grupos, Justiniano Costa assumia papel apaziguador, de mediador dos conflitos, com a autoridade que lhe conferia a presidência da Irmandade de Nossa Senhora do Rosário dos Homens Pretos.[12] Não conseguiu no entanto impedir a desavença.

Derrotado, o grupo de Correia Leite, que possuía como base organizativa O *Clarim d'Alvorada*, retraiu-se e ele próprio escreveu uma carta de demissão do cargo de conselheiro, prontamente aceita. O Prontuário do DOPS número 1538 abriga o documento no qual Correia Leite justificou seu desligamento da Frente como resposta ao personalismo, clericalismo, monarquismo e ultranacionalismo de Arlindo Veiga dos Santos. Em contrapartida, dizia-se defensor do socialismo democrático, incompatível com a monarquia, a religião cristã e a "república aristocrática".

Cinquenta anos depois, Correia Leite ainda se lembrou do embate que calou fundo para si e o grupo do *Clarim d'Alvorada*. Se ele já naquele momento partilhava dos ideais socialistas ou comunistas, é difícil esclarecer, mas já manifestava oposição ao fascismo e sobretudo à atuação de Arlindo na liderança da FNB:

---
11   LEITE, José Correia. *Op. cit.*, p. 94.
12   Justiniano Costa. O Clarim d'Alvorada, n. 38.

> Nós do grupo d'O Clarim d'Alvorada no dia que foram aprovados os estatutos finais, íamos combater porque não concordávamos com as ideias de Veiga dos Santos (Arlindo). Era um estatuto copiado do fascismo italiano. Pior é que tinha um conselho de 40 membros e o presidente desse conselho era absoluto. A direção executiva só podia fazer as coisas com ordem desse conselho. O presidente do conselho era Arlindo Veiga dos Santos, o absoluto.[13]

No momento da grande assembleia de votação dos estatutos, o grupo de Correia Leite, minoritário, acabou derrotado, assim como suas propostas para a organização da entidade, das quais não restaram testemunhos. O impedimento do acesso deste grupo à votação dos estatutos é reveladora da luta que se travava entre correntes políticas empenhadas em empolgar a direção do movimento, bem como o evidente uso da força para aprovar com tranquilidade a proposta de Arlindo, reconhecido pelo oponente como vitorioso naquele momento. O ajuste de contas persistiria até o fim da entidade e nem mesmo o tempo apagou seu relevo. Infelizmente a versão do campo oposto não foi registrada com tantas minúcias.

Outro fator de desunião entre os fundadores da FNB era um certo ressentimento de Correia Leite em relação aos companheiros que haviam tido a oportunidade de realizar a educação formal, enquanto ele pouco frequentou escolas. A presença destacada do "doutor" Arlindo na militância era para ele motivo de constante comparação e sentimentos negativos, de baixa autoestima. Começaram a aparecer também no *Clarim d'Alvorada* insinuações e críticas cifradas contra os "dois mulatinhos" que

---
13 LEITE, José Correia. Op. cit., p. 94.

se sobressaíam no meio negro. O epíteto de mulato, no contexto, equivalia a uma identidade depreciativa utilizada pelos próprios negros.

Por outro lado, a grande imprensa de São Paulo logo noticiou o evento:

> É muito significativo o movimento que se esboça na raça negra do Brasil, no sentido de arregimentá-la em torno de um programa de cultura e reivindicações sociais e políticas. A reunião de ontem à noite foi realmente notável, tanto sob o ponto de vista da assistência que foi vultuosíssima, quanto pelos discursos proferidos definindo a atitude dos homens de cor em face da situação brasileira. Sente-se visivelmente uma consciência racial despertando entre os negros impelindo-os a uma participação mais direta na vida social e política do país.[14]

As notícias apareciam esporadicamente na imprensa, até no Rio de Janeiro, onde o jornal A *Pátria* publicou em início de 1932 matéria sobre o movimento negro que lutava pela cidadania. O *Diário de São Paulo* continuou acompanhando o movimento em seu noticiário.

A participação de Arlindo na fundação e direção da FNB desperta até hoje reações que vão da perplexidade à crítica feroz e ao apagamento puro e simples de sua memória. Para Clóvis Moura, por exemplo, essa militância indica um "intelectual negro dividido" por ser contraditória. Ao mesmo tempo em que fundou e dirigiu o movimento da Pátria-Nova, articulou um projeto de integração do negro à sociedade, cuja relevância reconhece, com a ressalva de não se tratar de um

---
14 *Diário de São Paulo*. São Paulo, 17 set. 1931, p. 5.

projeto de negritude e sim de um projeto nacionalista que tinha entre seus objetivos superar o racismo, condensado no lema Deus, Pátria, Raça e Família.[15] A questão é mais complexa do que esta análise sugere. A liderança de Arlindo foi construída no interior do movimento, inclusive por adversários que nele depositavam confiança, como registrou o militante Hardy Silva, em três novembro de 1931, dias antes dessa reunião, numa carta-manifesto de grande valor por condensar os ideais inspiradores da criação da Frente Negra, pelo testemunho dos surdos embates que se travavam e por ser emblemática da inflamada oratória militante no movimento negro na época:

> Veiga Santos!
> Ainda uma vez, meus abraços!
> Tu, assim jovem e forte, poderoso e saudável de espírito e grande e imenso nesse teu coração cheio de amor idealístico, serás, um dia que já vem próximo, o Magnânimo Redentor da opressão da raça negra, filha da nossa grande Pátria![16]

A carta, iniciada com o afagar de vaidades, soa como tentativa de conciliação entre Arlindo e o grupo de Correia Leite. Tentativa, já se sabe inútil de superar a desavença interna, abordava o tema consensual da denúncia das iniquidades correntes na sociedade, como justificativa para a ação que o grupo planejava:

> Essa raça, digna por todos os títulos, não pode continuar e não há de continuar proscrita da

---

15 MOURA, Clóvis. *Dialética radical do negro*. São Paulo: Editora Anita, 1994, p. 193.
16 Carta de Hardy Silva a Arlindo Veiga dos Santos. São Paulo, 3 de novembro de 1931. Papel timbrado da Associação dos Industriais Metalúrgicos (arquivo pessoal AVS)

> comunhão social como vem sendo desde séculos entre os irmãos nacionais!
> Pelo livro, pelo jornal, pela tribuna, do púlpito, nos *meetings* da praça pública e se preciso for até mesmo em luta aberta, desaçaimada e onímoda contra o preconceito traiçoeiro e o erro opressor, é preciso que elevemos às posições de mando, ao professorado, aos institutos científicos esses pobres negros que hoje, enjeitados pelos educadores e órfãos da sã cultura, vivem por aí atirados aos milhões pelas tavernas e locais de vícios, sob o ridículo de adventícios que vieram desfrutar a Pátria que eles ajudaram a erguer com o preço do seu sangue generoso, do seu suor e das suas lágrimas!

A carta testemunha claramente o conflito interno que dilacerava a recém-criada associação e sinaliza provável hesitação ou recuo de Arlindo na disputa pela condução da entidade. Hardy buscava demovê-lo da atitude intransigente motivada pela insuperável divergência política. Tudo indica tratar-se de uma tentativa de conciliação e de convencimento para que Arlindo abandonasse os vínculos com o Patrianovismo e fizesse uma composição com o grupo de Correia Leite:

> A Frente Negra é a tua ideia genial!
> A ti, Veiga dos Santos, já não é mais lícito retroceder, e se o fizésseis pecarias contra Deus, contra a Fraternidade e sobretudo contra a Justiça e o Direito à Liberdade!
> Eu confio na tua dignidade de jovem, no teu desinteresse de Herói que será capaz de dar

até a vida por um Ideal elevado, são e inconfundivelmente superior como esse da "Frente Negra Brasileira!"

Perceptível no documento ciosamente guardado nos arquivos pessoais de Arlindo o problema causado pela sua participação na Pátria-Nova, que foi sempre apontada por Correia Leite como obstáculo ao bom andamento da FNB. É o que diz Hardy nas entrelinhas ao instar o líder monarquista para que concentrasse sua atuação na Frente e abandonasse outros projetos:

> A ti mesmo te cumpre desfazeres de todas as demais cogitações para concentrar toda tua energia no desenvolvimento da tua ideia melhor e mais alta – quase divina, que é a Redenção dos Pretos!
> Cumpre com urgência sistematizar, dar corpo e eficiente orientação à tua obra sublime na qual me honrarei de trabalhar como um dos mais insignificantes, porém muito leal soldado!
> A "Frente Negra" precisa ser levada a todo o Brasil.
> Reúnam-se os intelectuais de cor, todos os técnicos negros, todos os cidadãos e sábios que os há inúmeros de origem africana e se candidatem a todos os cargos públicos ou de representação e responsabilidade e concorram e façam valer seus direitos entre nós brasileiros e vençam, porque as primeiras vitórias prepararão vitórias maiores até a conquista do grau efetivo de igualdade que aqui se diz existir.

Queremos médicos negros, advogados, engenheiros, professores, deputados, padres, senadores, bispos e irmãs de caridade pretos!

Nós ainda não vemos nessas classes, nem como embaixadores no estrangeiro os representantes dos milhões de negros nossos irmãos. – Precisamos elevá-los a todos os postos. Havemos de elevá-los e romper a ciclópica muralha do férreo preconceito social oculto que guarda com zelo diabólico e com inaudita crueldade, a parte branca da nossa nacionalidade, contra o negro que também é homem, que sabe viver com a maior dignidade em meio à civilização atual respeitando seus usos e costumes, e que, física, moral e intelectualmente é capaz de honrar, de dignificar todas as posições sociais desde que se lhe dê a instrução e educação a que faz jus e que hoje lhe é roubada e evitada com discrição, e – repito – com já histórica e tradicional crueldade!

Criemos escolas para as crianças negras e por meio de caixas e cooperativas dê-se instrução maior e mais alta aos menores de cor que já dispõe [sic] de instrução primária.

Peçamos esmolas se preciso for, mas redimamos o erro e a maldade da proscrição dos filhos dessa raça de heróis anônimos! São nossos irmãos, melhores do que o estrangeiro adventício e em suas consciências Deus habita, só não sendo visto e reconhecido no íntimo dessas criaturas de cor porque a sua pele é diferente da nossa, pelo fato corriqueiro e desprezível de que nós não temos e eles têm seus antepassados no seio da grande África. Questões de nonada. Mas digamos alto e bom som que a África também está prestes a libertar-se para sempre. E da mesma forma a vitória da Liberdade caminha ao encontro de 500 milhões de conterrâneos negros do Gandhi!

Era a busca do apaziguamento, por um militante comprometido com o socialismo. Ao mesmo tempo, testemunhava o reconhecimento da capacidade de liderança de Arlindo, de sua posição política e sustentação pelo laicato organizado da Igreja Católica, força não desprezível na arena política tal como se configurava na época:

> Um só homem, Veiga Santos, conforme o ideal que defende, vale pela humanidade toda, pois ao homem é dado erguer e derrubar civilizações. A civilização brasileira nunca virá a surgir se primeiro não fizermos prática e exequível a igualdade teórica de que gozam os nossos vários milhões de patrícios negros!
> – seja tu, pois, o Pioneiro, o Herói e se preciso – o Mártir dessa Epopeia de Amor e de Justiça que deve ser iniciada agora, porque já está tardando muito.
> Eu quero trabalhar contigo, e às tuas ordens, desde já para esse fim ao teu mando, aceite meus abraços efusivos.

O grande motivo dessa intervenção, o obstinado anticomunismo de Arlindo, decorria de seus vínculos com o catolicismo antiliberal e a filosofia política tradicionalista, conservadora e contra-revolucionária. Seu ânimo belicoso e sua inabalável tenacidade impediam a trégua e a conciliação, no que era secundado pelos antagonistas, igualmente inabaláveis em seus ideais políticos.

Todos os testemunhos apontam as facções políticas como responsáveis pelos "conflitos intestinos" que se travaram então no meio negro, com grande violência, como se verá adiante: "Uma vez definidas as posições opostas, da Frente Negra e do grupo do Clarim, começou uma luta surda entre eles".[17]

Embora a FNB e a Pátria-Nova fossem organizações distintas, confluíam em alguns aspectos da prática que sinalizavam a intenção de incentivo a um monarquismo popular. Vários patrianovistas negros também atuaram no meio frentenegrino, a exemplo de Salathiel Campos, redator do *Correio Paulistano*. Sua participação resultou da avaliação de que a FNB era vulnerável ao socialismo e ao comunismo, portanto, um campo aberto à atuação patrianovista. Justifica-se assim seu empenho em manter a orientação da Frente para tentar superar a "questão social" segundo o projeto católico de hegemonia na sociedade brasileira.

A convergência entre a Frente Negra e a Pátria-Nova localizava-se no 3º ponto do programa patrianovista:

> Pátria e Raça Brasileira – afirmação da Pátria Imperial Brasileira: sua valorização espiritual (religiosa, intelectual e moral), física, econômica. Afirmação da raça brasileira em todos os seus elementos tradicionais e novos--integrados (filhos de estrangeiros). Solução séria e definitiva do problema negro-índio--sertanejo. Formação e valorização física, intelectual e religiosa-moral nacionalista da Raça

---

17 FERNANDES, Florestan. *Op. cit.*, p. 47.

Brasileira. Definição da situação do estrangeiro dentro do Império instaurado. Reação contra todas as formas do IMPERIALISMO ESTRANGEIRO no Brasil.[18]

Esse discurso correspondia ao enunciado patrianovista baseado na dicotomia homem livre/homem escravo, a fazer do negro credor de uma nova abolição e de uma situação semelhante à do imigrante, sobretudo o italiano: "Cessem, por conseguinte, os mitos, e simultaneamente os *excessivos louvores* aos estrangeiros de ontem, italianos e companhia, e faça-se justiça ao Negro".[19] Contra os imigrantes, até há pouco moradores dos mesmos espaços, que haviam alcançado êxito na ascensão social, tornando-se proprietários de "negócios" e pequenas indústrias, o que possibilitou a seus filhos estudos e o cobiçado diploma de bacharel, confirmando a ideologia burguesa da ascensão pelo trabalho, pela vida morigerada, sóbria, o discurso monarquista realçava as espoliações e as injustiças a que estavam sujeitos os negros.

Não havia incompatibilidade entre esse ponto programático da Pátria-Nova e o objetivo da FNB de superar a desvalorização do negro no mercado de trabalho urbano, integrá-lo à economia industrial em formação, enfim, dar o passo inicial da sua "educação especial religiosa e industrial". Ao mesmo tempo em que o negro se tornava operário, a direção dada pelo movimento frentenegrino nas relações entre as classes sociais contrária à luta de classes embora crítica das relações capitalistas de produção; de acatamento da mudança dentro da ordem e de organização de grupos profissionais – as corporações – que deveriam substituir os sindicatos.

---

18 *Programa do Patrianovismo*, 1932.
19 SANTOS, A.V. dos. *Manifesto à Gente Negra Brasileira.* (folheto). São Paulo, 2 dez. 1932.

A crítica ao sistema político, elaborada por Arlindo, direcionou-se para o descrédito da República, regime que seria responsável pela situação dos negros. O II Império foi absolvido da culpa pela escravidão, atribuída aos "primitivos tempos do Brasil" e ao momento da organização constitucional do I Império. No intuito de preservar a imagem do Império, procurava convencer seu público de que nesse período se iniciara a solução do problema da escravidão, embora não houvesse oportunidade para concluir a obra emancipadora. Restou ao regime republicano o ônus de "dar atenção unicamente às questões econômicas imediatas e ao favorecimento irracional das imigrações 'arianas' para substituir o negro que era nossa mão-de-obra desprezada".[20]

Com esse encaminhamento, o discurso de Veiga dos Santos estabeleceu uma ponte entre o anti-republicanismo da Pátria-Nova e o descontentamento existente entre os negros em relação à oligarquia paulista, à qual era atribuída sua marginalização, seja confinando-os a franjas das atividades produtivas urbanas, seja arregimentando-os como capangas dos coronéis. Explorou o júbilo com que foi recebida, pelo movimento negro, a Revolução de 1930 – esperança de derrocada das famílias tradicionalmente detentoras do mando – e a decepção que a ela se seguiu, na medida em que foram frustradas as expectativas de melhoria das condições de vida dos negros.

Neste sentido, é importante ressaltar que as simpatias monarquistas do movimento negro possuíam raízes no próprio momento da abolição, que consagrou a princesa Isabel como protetora dos ex-escravos e construiu uma representação positiva do Império cuja contrapartida, logo após o 15 de novembro, foi uma reação negativa ao novo regime, através da Guarda Negra, como aponta José Murilo de Carvalho. Enquanto a Monarquia recebia manifestações de simpatia

---
20 *Ibidem.*

dos negros, o governo republicano perseguia capoeiras e bicheiros, encarcerava os revoltosos contra a vacina obrigatória, conforme registro do cronista João do Rio, que afirmou haver encontrado entre esses representantes do monarquismo popular o hábito de leitura de romances de cavalaria.

Vários depoimentos[21] ressaltaram a importância da FNB no início da década de 1930 para a Pátria-Nova, campo de atuação pessoal de Veiga dos Santos, a despeito de não contar com a aprovação de todos os dirigentes do Centro Monarquista, como Paim Vieira, avesso à atuação patrianovista no que considerava "clubezinho de negros", local de uma "subcultura".[22]

Diante dessas interpretações, o grupo do *Clarim* identificava a Pátria-Nova com o integralismo, o fascismo e contestava a liderança de Arlindo:

> Logo na elaboração do estatutos, os quais deram à organização um caráter nitidamente fascista, surgiram as primeiras divergências, afastando-se nessa ocasião alguns elementos (entre os quais Alberto Orlando). A identificação da orientação da Frente com os demais direitistas fica bem evidenciada através do fato – ocorrido mais tarde, quando da realização do primeiro Congresso da Ação Integralista – de haver o Dr. Arlindo Veiga dos Santos feito um discurso no qual hipotecava a solidariedade

---

21 Entrevistas à autora de Joaquim P. Dutra da Silva, José Carlos de Ataliba Nogueira e Antônio Paim Vieira.

22 CARVALHO, José Murilo de. *Os bestializados*. São Paulo: Companhia das Letras, 2000. Ver também sobre o tema RICCI, Maria Lúcia de Souza Rangel. *Guarda-Negra: perfil de uma sociedade em crise*. Campinas, s.c.e., 1990.

da Frente e seus 200 mil negros. O grupo do Clarim, percebendo desde já a intenção dos irmãos Veiga dos Santos, de fazer dos demais elementos simples caudatários de seus ideais, assumiu uma atitude vigilante e independente em relação aos acontecimentos. Apareceram nesse momento os primeiros sintomas de divergência logo depois manifestada entre a direção da Frente Negra e do grupo do Clarim.[23]

---

23 MOREIRA e LEITE, Op. cit., p. 16-18.

Capítulo 8 – Legião de Deus

O lema Deus, Pátria, Raça e Família impresso no jornal oficial da FNB *A Voz da Raça* sinalizava a vitória de Veiga dos Santos no momento da fundação da associação pois, ainda que houvesse descontentamentos, em 1931 conquistara a hegemonia na entidade. Os estatutos registrados em cinco de novembro de 1931 anunciavam que a Frente Negra Brasileira visava à

> união política e social da Gente Negra Nacional, para afirmação dos direitos históricos da mesma, em virtude as sua atividade material e moral no passado e para reivindicação de seus direitos sociais e políticos, atuais, na Comunhão Brasileira.[1]

A meta seria alcançada mediante "elevação moral, intelectual, artística, técnica, profissional e física; assistência, proteção e defesa social, jurídica e econômica e do trabalho da Gente Negra".

---

1   Estatutos da Frente Negra Brasileira (folheto). São Paulo, 2 dez. 1932, registrados em cartório em 4 nov. 1931.

Em perspectiva integracionista, o projeto frentenegrino propunha o desenvolvimento, em âmbito nacional, de estratégias promotoras de mudança na situação de seus afiliados e dos demais negros na sociedade brasileira. Considerava a situação do negro brasileiro específica e que, por resultar de um processo abolicionista peculiar, não poderia ser resolvida mediante imitação do movimento negro que ocorria nos Estados Unidos.[2] Com essa interpretação inviabilizava a internacionalização da luta, como pretendiam socialistas e comunistas.

Vanguarda de luta por uma "nova abolição", a FNB desviava-se de estratégia do confronto racial, do incentivo ao ódio entre negros e brancos. Esta diretriz foi explicitada ao grande público por Arlindo, logo após a fundação da entidade, para não só calibrar as ações no sentido de rejeitar a luta de classes, defendida pela oposição socialista à sua gestão, mas para aplainar arestas na recepção do movimento entre os "brancos":

> Repelamos todos os patrícios que, errados, queiram transportar para o Brasil o problema negro "yankee" de luta de ódio contra o branco. Não é esse feitio o nosso. Repelamos a concepção norte-americana, fruto da mentalidade, no fundo anticristã, daquele povo. Não queremos uma segregação da vida nacional,

---

[2] O Garveysmo inspirou o movimento negro nos estados Unidos na mesma época da existência da FNB, e a partir do reconhecimento de uma ancestralidade comum entre os negros de todo o mundo, defendia a solidariedade racial por oposição ao mundo branco, recusando mesmo alianças com brancos "progressistas". (cf. DOMINGUES, Petrônio. A insurgência de ébano. Tese de Doutoramento, São Paulo, FFLCH/USP, 2005. p. 73-74).

senão uma afirmação nacional do Negro, uma integração real e leal.[3]

O ideal de formação do homem em todos os aspectos de sua personalidade transparece na ênfase colocada nas ações que viriam a ser desenvolvidas na educação, na prestação de serviços, em atividades culturais, no suporte jurídico aos seus associados. O catolicismo teve peso inegável nas atividades desenvolvidas, inclusive na grande ênfase no zelo pela conduta moral dos associados, no combate ao alcoolismo e à prostituição, além do incentivo ao trabalho, à fraternidade e à colaboração. Formar o "negro novo" com uma nova mentalidade e inserção igualitária no mundo do trabalho e em outras esferas da vida social constituía o móvel da atuação da FNB.

A adesão, logo de saída, foi grande. Alguns testemunhos relatam quanto os jovens negros sentiam-se atraídos pela vida associativa feita para eles e por eles. Francisco Lucrécio, filho de carpinteiro e lavadeira, funcionário público e cirurgião dentista, ingressou na FNB em 1931 e se tornaria secretário da entidade em 1934-1937. O relato sobre seu ingresso traz informações significativas sobre essa euforia:

> Eu vim de Campinas e fiquei morando no Bexiga (…). Morei na Rua Rui Barbosa, na casa dos meus tios. Eles eram fundadores da Frente Negra Brasileira, e quando eu cheguei, meus tios e primos me diziam "Vamos pra frente". Eu não estava entendendo o que era. (…) Então eu fui lá assistir às reuniões, e numa dessas reuniões eu comecei a entender coisas que eu havia passado quando estudava. Fiz

---
3 Folha da Noite, 22/12/1931. Apud DOMIGUES, Petrônio. A insurgência de ébano, p. 98.

meu curso ginasial em Ribeirão Preto. Então fui percebendo porque eu havia passado por certos problemas, fui entendendo as situações relativas ao negro (...) entrei para a Frente Negra e não saí mais, porque outras entidades de negros não cuidavam das reivindicações sociais e políticas nem tampouco enfrentavam o preconceito assim como a Frente Negra o fez.[4]

A associação havia começado timidamente, na sala do Palacete Santa Helena, logo tornada obsoleta pelo afluxo surpreendente de interessados. Foi pouco tempo depois de mudança para o casarão da Rua da Liberdade, onde além da simbologia do nome do bairro, havia uma memória da vida da população negra da cidade. Por ali passara rota de fuga de escravos vindos dos baixos do Carmo e da várzea do Tamanduateí na incipiente vila no período colonial. No Cemitério dos Aflitos, foram sepultados incógnitos escravos; as igrejas de São Gonçalo e dos Remédios acolheram escravos fugitivos. Na geografia da negritude, o local não distava muito dos territórios ocupados predominantemente por descendentes dos escravos, como as imediações da Sé, Santa Ifigênia, Largo do Rosário, Bexiga e Largo de São Gonçalo, onde no início do século XX havia muitos porões e cortiços.

A ocupação desse novo espaço permitia o desenvolvimento de sociabilidades diversas, pois além da administração da entidade, organizada em departamentos, nele cabiam salões de cabeleireiro feminino e masculino, gabinete dentário, salão de jogos, atividades artísticas, salas de aula. Ali os frentenegrinos passavam por um processo de ressocialização que atingia muitos aspectos de sua vida e a carteira

---

4 Depoimento in :SOUZA, Márcio. Op. *cit.*, p. 36.

de identidade fornecida aos associados expressava essa nova situação que exaltava o pertencimento à raça negra.

Os direitos sociais reivindicados pela FNB consistiam basicamente em igualdade de tratamento, trabalho e educação. O contexto era favorável a essas reivindicações, que ultrapassavam a denúncia do preconceito para insistir na urgência de superá-lo. A miséria, a segregação e a desigualdade de oportunidades haviam se agravado com a crise econômica de 1929-1930 e tornavam os negros mais expostos ao desemprego.

Se a "elevação" dos negros era o objetivo explícito da FNB, não fica obscurecida sua adesão ao projeto de expansão da influência católica na sociedade. Arlindo fora preparado para esta missão desde a adolescência e permanecia atuante nas falanges marianas que se dispunham a defender e propagar o catolicismo no Brasil. O espírito militar das associações jesuítas, rigidamente disciplinadas, baseava-se na obediência ao papa e aos superiores hierárquicos. *Perinde ac cadáver* era a expressão que resumia o espírito disciplinador dessa sociabilidade católica.

Não é difícil encontrar na sociabilidade frentenegrina a cultura das congregações marianas, que nas paróquias formavam esquadrões em ordem de batalha sob a autoridade dos párocos, devotados à Virgem Maria e prontos a desenvolver intensa atividade apostólica. A repressão aos espetáculos teatrais e cinematográficos considerados obscenos, o zelo pelos chamados bons costumes, a condenação de livros e periódicos avaliados como perversos, a abertura de escolas gratuitas para crianças pobres, a presença na educação profissional de operários etc. constituíam obras do apostolado mariano. Hinos varonis, bandeiras e fitas mobilizavam para a identidade coletiva e para a ação.

O discurso frentenegrino apresentava conotações religiosas como a utilização de expressões como "Judas da raça negra", reservado aos dissidentes. Na visão maniqueísta da vida e dos homens, a história consistiria no eterno combate entre as forças do bem e do mal, entre os verdadeiros líderes – categoria na qual se auto incluía Arlindo – e os falsos profetas, isto é, a oposição. A formação política fornecida aos associados vinculava-se ao departamento intelectual dirigido por ele, ministrando palestras de "instrução moral e cívica" proferidas por membros e convidados.

O projeto da FNB previa a instalação de uma estrutura de poder altamente verticalizada, na qual se percebe a influência dos valores do pensamento autoritário. Traduzia nos estatutos uma concepção centralizadora sobre a autoridade, em especial no artigo 6 que atribuía a direção da Frente a um "Grande Conselho, soberano e responsável", formado por vinte membros, mas reservava a palavra final ao presidente.

Os estatutos previam a nomeação de cabos distritais, para auxiliarem nas funções de recrutamento de associados e cobrança de mensalidades. Obrigados a minuciosa prestação de contas ao Grande Conselho, sobre eles pairavam constantes ameaças, sinalizadas como a "rocha Tarpeia" da execração pública e expulsão da entidade, como salientavam ironicamente seus opositores.

Havia as famosas domingueiras, que como o nome indica eram reuniões realizadas nas tardes de domingo e consistiam em declamação de poesias, encenação de peças teatrais, apresentação de bandas musicais – as chamadas regionais – sob a direção de Isaltino. O associado era envolvido pelas atividades de tal modo que muitos frequentavam a sede diariamente, após o trabalho, e não apenas aos domingos. Um quintal amplo no fundo do casarão propiciava espaço às festas e desenvolvia-se ali sociabilidade importante para a construção de elos identitários. A resposta à sua meta de promover a "União político-social da raça" ia tornando-se realidade no contexto de crise econômica, Revolução de 1930, derrocada da oligarquia cafeeira, concorrência com o trabalhador imigrante etc. Não atraiu apenas a classe média negra, houve uma amplitude popular e a participação das mulheres foi relevante, segundo o depoimento de Francisco Lucrécio:

> Naquela época, a maior parte dos negros trabalhava na Barra Funda, descarregando mercadorias que vinham de trem do interior. Outros trabalhavam na Light assentando dormentes e também na estrada de ferro. As mulheres trabalhavam como empregadas domésticas, cozinheiras, lavadeiras, passadeiras, enfim. (…) Elas encontravam emprego mais facilmente que os homens. Assim, elas eram mais assíduas na luta em favor do negro, de forma que na Frente a maior parte eram mulheres. Era um contingente muito grande, eram elas que faziam todo o movimento, que ajudavam.[5]

Mesmo que as fotos da época e os jornais mostrem os militantes masculinos em posição de destaque, percebe-se que por trás dessa fachada intelectualizada e de prestígio, mulheres frentenegrinas, invisíveis lideranças, sustentavam o dia a dia da entidade promovendo festas e vendas de quitutes. Algumas mais instruídas escreviam poesias, outras foram professoras, outras ainda participavam do corpo cênico e de apresentações musicais.

Domingues apontou a origem humilde da maioria dos frentenegrinos, desempregados ou subempregados. Nos estratos sociais mais elevados e principalmente entre os que conseguiram melhor inserção

---
5   BARBOSA, Márcio. *Op. cit.*, p. 38.

profissional e social, as adesões eram mínimas. Porém, as lideranças apresentavam um nível de escolarização mais elevado e tinham empregos em trabalhos não manuais como professor, jornalista, burocrata.[6] O depoimento de Horácio Cunha mostra que em 1936 o panorama não havia mudado:

> Visitando um domingo a sede da Frente Negra, fiquei muito satisfeito com tudo que observei na casa dos meus irmãos negros, durante minha visita. Com pesar vejo os meus irmãos de cor, que conseguiram seus diplomas de médico, advogado, engenheiro, professor e dentista, olhando com indiferença para essa magnífica iniciativa de cultura, trabalho e educação dos negros pequenos e humildes! Não sei porque isso. Eu considero todos os meus irmãos intelectuais como Apóstolos da nossa raça, porque Deus lhe deu inteligência e recursos para estudarem e serem os guias dos nossos irmãos de boa vontade, que não tiveram nem recursos nem inteligência. Muitos dos nossos irmãos que têm seu pergaminho pelas nossas escolas superiores, dizem: Que sua posição social não permite imiscuírem-se com seus irmãos humildes e boçais.[7]

Justificável pois a existência de ressentimento provocado pelo escasso ingresso na associação de intelectuais e indivíduos saídos do patamar da pobreza, claramente expresso por Arlindo:

---

6   DOMINGUES, Petrônio. A insurgência de ébano, cit., p. 94.
7   *A Voz da Raça*. jul. 1936, p. 2 .

> Não se metem na F.N.B. os negrinhos bonitos que pensam que já não são negros.
> Não se metem na F.N.B. os negros cultos e formados, porque apenas querem ver de longe para criticar, desmoralizar (se possível) e fazer derrotismo, julgando que essa "coisa de negros" os vai por mal com os brancos seus amigos.
> Não se metem na F.N.B. as nossas mocinhas negras da burguesia mais avantajada, porque tem medo de se misturarem com "essa gente", não considerando que a sua presença na associação geral dos negros determinaria, necessariamente, dentro da Ação, uma lógica, legítima e útil diversificação e hierarquização das classes dentro dum bem compreendido espírito cristão.[8]

Essa adesão era necessária ao projeto frentenegrino de constituir uma vanguarda de luta dentro da ordem, em mudanças graduais, para atuar em todo o território brasileiro, o que de fato foi parcialmente alcançado, com a fundação de núcleos pelo interior de São Paulo e em outros estados. Logo após a fundação, o noticiário publicado no *Clarim d'Alvorada* anunciava ramificações (delegações) no interior de São Paulo (Porto Feliz, Tietê, Itu, Santos, Amparo) e de Minas Gerais (Uberaba e São Sebastião do Paraíso).

---

8   SANTOS, A. V. dos. A obra dos humildes. *A Voz da Raça*, n. 33, 17 mar. 1933.

Capítulo 9 - Isaltino e a Chibata de Faíscas Verbais

Em dezembro de 1931, logo após a fundação da FNB, um escândalo de grandes proporções atingiu os irmãos Veiga dos Santos. Isaltino, secretário geral da associação, viu-se acusado pelo grupo de Correia Leite de seduzir uma moça na cidade mineira de São Sebastião do Paraíso, onde fora implantar um núcleo da Frente. O assunto envolvia questão de honra, que tornou vulnerável a presidência de Arlindo, conhecido pelo zelo da moral dos frentenegrinos. O episódio um tanto nebuloso foi explorado com o intuito evidente de abalar sua liderança e modificar o encaminhamento dado por ele à associação. O momento era estratégico e particularmente significativo pois se tratava da véspera do Natal, a data máxima da cristandade; a FNB crescia rapidamente e passava de projeto promissor a realização ousada em poucos meses.

Tudo teve início com a bombástica denúncia de suposta sedução cometida por Isaltino, revelada em carta escrita por Correia Leite ao Grande Conselho Frentenegrino em 23 de dezembro de 1931, acompanhada de pedido de providências contra o secretário-geral. O documento elucida a luta encarniçada pela condução da Frente, pois em fulminante contra-ataque o documento foi levado ao Departamento de Ordem Política e Social (DOPS) pelo próprio Arlindo, acompanhado pelo advogado da associação, Joaquim Guaraná de Santana, com a finalidade de solicitar providências contra Correia Leite.

O caso Isaltino constituiu mais um episódio da luta ferrenha pelo controle da associação, quando Correia Leite assumiu ser um "soldado", na oposição socialista democrática ao personalismo, clericalismo, monarquismo e ultranacionalismo de Veiga dos Santos. As razões ideológicas do caso superaram a dimensão da vida privada e tornaram clara a intenção de desacreditar os principais dirigentes da FNB.

Nos primeiros meses de 1932 o caso ocupou a pauta da associação, como era de se esperar. A grande insistência na conduta ilibada dos associados tanto no âmbito público quanto na vida privada fazia da entidade um espaço controlador dos costumes, razão pela qual o golpe desferido foi profundo. Em defesa do irmão, Arlindo qualificou o suposto delito de "leviandade juvenil" e contra-atacou designando os acusadores de "judas da raça" movidos por intrigas.

O Clarim d'Alvorada em seu primeiro número de 1932, editado em 31 de janeiro, ainda não se manifestara a respeito do caso, que permanecia restrito ao âmbito da direção da FNB. Mas publicou pedido de eleições para o Grande Conselho e reivindicou nova orientação para o movimento, expressa no slogan de inspiração comunista: "Negros de todo mundo, uni-vos". Em sua habitual postura eclética, o jornal publicava neste mesmo número propaganda do livro *Contra a corrente*, de Arlindo e noticiava as eleições que haviam ocorrido na Irmandade de Nossa Senhora do Rosário dos Homens Pretos em São Paulo. Expressava assim a pluralidade de propostas existentes no movimento associativo dos negros no início da década de 1930.

Mas a questão adquiriu impulso ao ser suspensa a publicação do *Clarim d'Alvorada* por decisão de Correia Leite, em protesto pela recusa do Grande Conselho Frentenegrino em punir Isaltino. Foi então que surgiu *Chibata*, jornal efêmero de apenas dois números, em fevereiro e março de 1932. Sua finalidade explícita consistia na "esculhambação" para "consertar os desatinados erros dos construtores da nossa igrejinha", e investia contra o caráter marcadamente católico da FNB. Editado por "homem negro", seu principal articulador foi Correia Leite, que ao misturar o incidente da vida privada com a divergência ideológica, deu vazão a impropérios e xingamentos contra os dois irmãos, ao mesmo tempo em que pedia sua destituição dos cargos. Arlindo foi chamado de patriavelhista e Isaltino, de Gandhi, apelido que parece ter circulado por essa época entre os companheiros de militância.

Correia Leite moveu nos dois números da *Chibata* grande campanha difamatória contra os irmãos Veiga dos Santos. Acompanhado por membros do grupo do *Clarim d'Alvorada*, pretendia publicar o pasquim "até o brio descer novamente, tranquilizando os ânimos exaltados dos grevistas…" Movia-se, com seu vocabulário e suas intenções, no universo ideológico da senzala, ao distribuir com fúria "chibatadas verbais".

As denúncias acumularam-se nas páginas da *Chibata*, com o objetivo de solapar a liderança dos irmãos Santos: as ideias "patriavelhistas" e o catolicismo de Arlindo e do Grande Conselho; a associação entre o Império e a escravidão foi também lembrada, resguardadas porém as reverências à princesa Isabel, que impediam o prosseguimento dos ataques nesta direção. O mote "sai da frente" é emblemático da verve jornalística que se expandia nas "chibatadas" ministradas aos adversários políticos em artigos repletos de duplo sentido, feitos para os iniciados no jargão corrente entre os envolvidos.

Foi então que Arlindo e seu grupo comunicaram ao DOPS a campanha difamatória que atribuíram a uma disputa ideológica. Porém não obtiveram êxito, pois o órgão policial não considerou relevante o possível envolvimento de Correia Leite com ideias de esquerda. Antes resultou em descrédito para os que se afirmavam monarquistas perante as autoridades policiais, além do arquivamento do processo por ausência de provas que o sustentassem.

Apesar desse primeiro relato sobre as agressões, consolidou-se com o tempo a versão de que apenas móveis foram destruídos no ataque. O depoimento de Correia Leite, nos anos 1980, confirmou ter sido preservada intacta a edição do *Clarim d'Alvorada* que estava em composição, quando os "cabos" da FNB, armados de paus, teriam cometido o atentado, a mando de Isaltino. Nada ficou provado, nada foi esclarecido pelo outro lado envolvido, porém Arlindo recebeu a advertência: "O vosso irmão está condenado por nós".

O Clarim d'Alvorada relatou a invasão "na calada da noite, feito por um bando sórdido de assalariados, bêbados e DESORDEIROS" e noticiou a versão do episódio divulgada pelo grupo de Correia Leite, redator chefe do jornal na época. Levantou-se contra a religiosidade de Arlindo e sua recusa em tomar providências contra o secretário da FNB:

> O Dr. Arlindo Veiga dos Santos, depois de engolir a hóstia da Páscoa, quando estiver no aconchego do lar, na hora da prece em torno da mesa, cercado do conforto da família, como bom filho e bom católico, há de se lembrar como bom chefe da [?] do baixo servil, da caravana de [?] esbirros que estiveram nesta tenda, que Deus está conosco, porque o enraivecimento daqueles imundos, tirou a tranquilidade de uma família que nesta páscoa, não tem mesa, não tem pratos, não tem cadeiras e nem

talheres, mas Deus está conosco. Deixaram-nos os tipos para compormos a carta de São Sebastião do Paraíso, contra teu irmão o caifás da raça, que no seu palácio uivou – MORTE A ESTES.[1]

Na sequência, transcrevia carta de Mario Ribeiro Rosa, endereçada ao diretor do *Clarim*, Ursino dos Santos, para denunciar Isaltino, que como representante da FNB fora admitido em residências em São Sebastião do Paraíso. O inútil pedido de providências a Arlindo vinha assinado por Benedito Vaz Costa, Atílio Gonçalves, Luís Gonzaga Braga, Benedito C. Toledo, Sebastião Gentil de Castro, Manoel Antônio dos Santos, José Correia Leite, H. Antunes Cunha, José Assis Barbosa, Galdino Goulart de Sousa, Ursino dos Santos e Mario Vaz Costa.

Os desdobramentos do caso foram violentos. O *Clarim d'Alvorada* lançou edição extra em 27 de março de 1932 para denunciar a invasão da residência de Correia Leite por "negros repugnantes". Ali funcionava a redação de ambos os jornais e segundo a notícia, "os lacaios dos irmãos Veiga dos Santos, tipos nojentos de vasa baixa, agrediram estupidamente duas mulheres, e assustaram os indefesos filhinhos" do redator chefe do *Clarim*.

O episódio atingiu em cheio os irmãos Santos mas ainda assim, conseguiram permanecer na direção da FNB. Na recomposição das forças, Correia Leite desligou-se do *Clarim d'Alvorada* onde foi substituído por Gervásio Moraes como redator-chefe. Logo depois, em maio de 1932, ocorreu a reabilitação de Arlindo por este jornal, onde foi lembrada sua participação como colaborador, no entanto as

---

1 Nunca nos sentimos tão grandes. *O Clarim d'Alvorada*. São Paulo, edição extra, n. 40, ano IX, 27 mar. 1932.

sequelas foram graves. O *Clarim* deixou de ser editado durante um ano, para reaparecer somente em treze de maio de 1933, com o número 42, que trazia Correia Leite na primeira página. Falava da "marcha de ideologias complexas e de excessos nacionalistas" ocorridos no movimento negro desde 1932 e continuava sua campanha contra a Pátria-Nova. Enquanto Raul Joviano do Amaral clamava pela coesão da "mocidade negra", Correia Leite noticiava a fundação de uma nova associação, o Clube Negro de Cultura Social.

A resposta mais consistente de Arlindo ao episódio foi codificada no poema *Satanás*, publicado em sete de agosto de 1932. O poema, longo, foi anunciado como resultado da inspiração trazida por um sonho do autor ocorrido em 1922, escrito em 1924 mas "adormecido" até 1932. As balizas temporais do texto indicam o impacto nele causado por movimentos políticos nos anos 1920-30: fundação do Partido Comunista, revolta do Forte de Copacabana em 1922, revolta em São Paulo em 1924 e a Revolução Constitucionalista em 1932.

Na apresentação, Arlindo afirmou ter lido o poema a "um grupo de amigos na cidade de Nossa Senhora da Conceição de Guarulhos", em julho de 1924. Evocou ainda sua leitura posterior no Centro de Estudos da Congregação Mariana de Santa Ifigênia em fevereiro de 1932. Porém não explicou o motivo de sua publicação naquela data, provavelmente às próprias custas, já que não há editora mencionada. Os marianos parecem ter sido o público principal para o qual se justificava por não ter sido clarividente quanto às alianças firmadas com "satanás". O "poema profético" ocupa a maior parte do texto com impressões sobre situação de caos, trevas em meio à qual surge um salvador, com discursos, intenções e ímpetos transformadores, identificado inicialmente como Jesus, mas que no final se revelou traidor. Foi dedicado aos

Patrianovistas, aos Frentenegrinos e a todos os nacionalistas integrais que aspiram, para o Brasil, a uma ORDEM NOVA cristã, contra o imperialismo estrangeiro intelectual, econômico (isto é, financeiro, industrial, comercial) e político, – ordem essa anticosmopolita, antimaçônica, antiliberal, antidemocrática, antiparlamentar e antipartidarista.[2]

Em contrapartida os inimigos eram aqueles já declarados: os "usurários sem lei", a revolução, a desordem, a liberal-democracia, o comunismo, o bolchevismo. Múltiplos endereços anunciavam o largo espectro da luta travada por Arlindo, encastelado na Ação Imperial Patrianovista Brasileira e na Frente Negra Brasileira.

---

2   SANTOS, A.V. dos . *Satanás (poema profético)* . São Paulo, 1932.

Capítulo 10 - As listas da bandeira de São Paulo

Em 25 de janeiro de 1932, no embalo comemorações do aniversário da cidade de São Paulo, a oposição paulista a Getúlio Vargas realizou gigantesco comício na Praça da Sé para reivindicar uma nova Constituição para o Brasil e um governador estadual "civil e paulista" em lugar dos interventores militares. Explicitava-se a ruptura gestada desde a revolução de outubro de 1930 entre a oligarquia paulista e o Governo Provisório, motivada pela perda do controle do Estado brasileiro e que resultou no conflito armado de três meses de duração, de julho a outubro de 1932.

Logo o Partido Republicano Paulista e o Partido Democrático formaram, em "união sagrada", a Frente Única Paulista. Comandada por oficiais da Força Pública e do Exército, começava a arregimentar o voluntariado para compor as forças revolucionárias. Após meses de articulação, em nove de julho teve início a revolta; paulistas pegaram em armas contra o governo federal e lançaram-se na guerra civil possibilitada por ampla mobilização popular com apelos ao bairrismo, ao localismo e ao tradicionalismo, a fim de alcançar os objetivos explícitos de restauração da ordem legal.

Os meses de combates armados foram também de grandes campanhas pró e contra o movimento paulista. Na FNB, ocorreu tentativa de cooptação, certamente motivada pelo fato de a entidade possuir uma estrutura organizativa complexa, agregar muitos associados e irradiar-se pelo interior do estado. Parecia altamente promissor o propósito de atrair os frentenegrinos para a causa constitucionalista.

Arlindo Veiga dos Santos, que apoiava Getúlio Vargas desde sua ascensão ao poder, manteve coerência e firme posicionamento político ao enfrentar a vaga revolucionária e já no início das articulações, havia se manifestado contrariamente ao levante. Para tornar pública essa diretriz lançou o *Manifesto do Grande Conselho da Frente Negra Brasileira*, publicado no *Diário da Noite*, em 27 de janeiro de 1932, quando já se movimentavam as forças constitucionalistas em São Paulo:

> Patrícios negros – intelectuais, operários, soldados e marinheiros – Alerta – Assistimos aos "patriotismos" dos representantes da mentalidade exploradora liberal-democrática falida e desmoralizada, as arruaças dos filhos da burguesia cheia de preconceitos e plutocracia, escravizadora dos nossos grandes avós e hoje aliada aos filhos inadaptados dos imigrantes, aliada aos estrangeiros de todas as procedências que nos exploraram, exploram e sopram paulistismo caricato e estomacal.
> Nós os negros, que mais sofremos no passado em virtude das ações infames dos pais dos "patriotas" que se mancomunaram com os perrepés por ódio à liberdade e que se uniram ao imigrante estrangeiro branco contra nós – nós negros, sejamos sempre fiéis ao nosso Brasil,

obra gloriosa de nossos pais e avós, como sempre temos sido.

Nós negros é que em grande parte fizemos a riqueza econômica de São Paulo e do Brasil, riqueza sólida agrícola que não estava penhorada no prego. Nós que defendemos o Brasil nas guerras e revoluções, e na guerra da Independência e nos campos do Paraguai estávamos na proporção de 75 (setenta e cinco) por cento! Nós que temos padecido é que mais podemos falar! Nós que, com nossos irmãos cafuzos e bugres, fomos a força das Bandeiras! Por isso Patrícios, somos os mais responsáveis pelo Brasil único e indiviso, que em suma, parte é obra nossa.

Nós negros temos de amar a nossa Obra! Nós não podemos trair o nosso Brasil! Traição façam os "patrícios" e o estrangeiro desleal que só quer comer e "fazer América". Negros intelectuais, operários, soldados e marinheiros! Estejamos alerta contra os que se enriqueceram a nossa custa com o suor do nosso rosto, e agora, aliados aos estrangeiros e semi-estrangeiros bancam mártires.

Negros! De pé pelo Brasil e pela raça! Somos brasileiros! Só brasileiros!

No manifesto escrito em estilo arrebatado e mobilizador, Arlindo respondia com veemência aos apelos ideológicos do movimento paulista e expressava inequívoca opção pelo governo de Vargas. Os temas identitários da paulistanidade, do espírito bandeirante e da "locomotiva" que conduzia o Brasil foram rechaçados como engodos destinados a iludir os negros para obter sua anuência em participar da luta que se aproximava.

Face ao discurso do ressentimento manipulado pela oligarquia paulista contra Vargas, o posicionamento da direção da FNB foi taxativo. A indiferença dominante nos partidos políticos paulistas em relação à população negra autorizava a recusa em apoiá-los na aventura. Formar fileiras ao lado do governo central, contra o PRP e suas manobras foi a palavra de ordem passada aos negros intelectuais, operários e militares, em linguagem mobilizadora próxima daquela usada em campo oposto, dos comunistas, igualmente contrários à revolução.

Alguns dias após divulgar esse manifesto, o jornal *Progresso* publicava matéria que expressava a tomada de posição da FNB e suas consequências. Uma carta endereçada por Isaltino como secretário-geral e representante do Grande Conselho frentenegrino ao interventor federal no Estado de São Paulo, Manuel Rabelo, reivindicava a admissão dos negros na Guarda Civil, sinalizando que o "malvado domínio" do PRP não havia acabado e estava "entrando novamente em evidência". Lamentava que no passado o negro tivesse sido "capanga" e "arma de combate de suas patifarias", mas agora assumia posição contrária. Inserida discretamente no texto, havia menção a Guaraná de Santana e ao cargo que ocupava na assistência jurídica oferecida pela FNB aos associados, alerta velado ao perigo que ele representava, como se verá.

O desdobramento mais visível dessa opção política foi a recusa dos dirigentes da FNB em apoiar a formação da Legião Negra para lutar sob o comando da oligarquia rebelada. No entanto, Guaraná de Santana liderou o recrutamento polêmico, início de um período glorioso, que passaria por uma reviravolta. Baiano, advogado e jornalista, o "doutor Guaraná", como era conhecido na FNB, se tornara entusiástico defensor da causa paulista. Atuava no Departamento Jurídico-Social ouvindo queixas e denúncias sobre questões trabalhistas, violação de direitos civis, discriminação e oferecia assistência jurídica gratuita. Ali seu contato com os filiados possibilitava estratégias de convencimento. Tanto que, logo no início da arregimentação de voluntários para combater ao lado dos rebeldes, passou a agir para formar um batalhão constituído exclusivamente de negros (os "pérolas negras") conhecido como a Legião Negra".[1] Mas já por essa ocasião, havia sido expulso da FNB sob a acusação de desvio de verbas.

A história da Legião Negra expressou os conflitos políticos da sociedade abrangente. Desde o início do movimento revolucionário, Arlindo e um grupo de seguidores haviam manifestado apoio ao Clube Três de Outubro que defendia o governo provisório, o Estado central forte e a representação corporativa. Em maio de 1932, no acirramento dos ânimos motivados pela morte de quatro estudantes em um confronto nas ruas de São Paulo, a pressão sobre a FNB para aderir à causa paulista era grande. Tanto que Arlindo publicou uma mensagem na qual exprimia a posição contrária à causa dos revolucionários, pois não lhe escapava seu caráter oligárquico.

O panfleto *Meus irmãos negros! Viva a raça!*, publicado em quatro de maio desse ano, segue aqui transcrito pela sua relevância para a compreensão do posicionamento da entidade e da cisão instalada uma vez mais no seu interior:

> Volto a falar-vos, meus irmãos Negros, meus irmãos frentenegrinos, por ver que mais uma

---

[1] DOMINGUES, Petrônio José. Os "pérolas negras": a participação do negro na Revolução Constitucionalista de 1932. *Afro-Ásia*, 29/30, 2003, p. 199-245.

vez o vosso nome de Negros que é uma bandeira de glória dentro do Brasil entra a ser explorado por aqueles que, vendo em vossa força de amor e de nacionalismo uma bandeira para ambições pessoais, querem fazer-vos instrumentos de ascensão no campo político e talvez econômico e, vendo nos verdadeiros trabalhadores da Causa um empecilho para suas inconfessáveis segundas intenções, desejam afastar da direção a esses homens operosos que mourejam a bem de vós, como tendes visto, seguido e observado, se não pertenceis aos grupos esquineiros que conversam fiado mas não resolvem nada, criticam mas não constroem.
Negros Frentenegrinos!
Não vos sujeiteis novamente a ser capachos de ambiciosos ou capangas braçais ou intelectuais, pois já sofrestes demais com as explorações partidárias dos que somente desejam a vossa força (como nos ominosos tempos da República Velha) para as horas amargas e vos afastaram sempre nas horas de alegria e de vitória. Não permitirá mais tal esbulho, tal miséria, tal infâmia, a legião pequenina porém destemerosa dos que atualmente dirigem a FRENTE NEGRA BRASILEIRA, trabalhando sem vaidade, sem atos interesseiros, sem paga outra que não seja a vossa felicidade que é a felicidade de todos nós, membros pobres mas gloriosos da gloriosa Gente Negra Brasileira, honra de nosso Brasil.
Negros Patrícios!

Não vos submetais aos que vos querem vender qual mercadoria fácil e indefesa.

Somos hoje, graças a Deus, independentes e livres dentro da nova ordem de coisas estabelecida pela Revolução de Outubro.

Quando demos apoio à Ditadura, ao Exército Nacional na pessoa do Sr. General Góis Monteiro e quando apoiamos o programa do Clube 3 de Outubro, não foi, não, para sermos de novo escravos como desejam alguns que nos querem coarctar a liberdade, que nos querem vender aos interesses particulares: foi porque vimos que a Nação estava ameaçada pela voracidade dos partidistas ambiciosos, dos separatistas e bairristas e também dos internacionalistas, inimigos da Unidade da Pátria que é em suma parte da obra de Nossos Avós Africanos e Bugres, inimigos esses que acodem pelo nome nefando e criminoso de comunistas, quase todos estrangeiros, cujo jugo altiva e violentamente repelimos, quer se escondam sob o manto de "salvadores" dos operários cosmopolitas, quer se esgarcem[2] sob o título suspeito de amigos de lutas ... de classes.

Gente Negra!

Os negros que se arregimentam debaixo da bandeira da F.N.B. não estão com ninguém se nos quiserem explorar! Não! Os Frentenegrinos verdadeiros estão com o Brasil, e só por ele se justifica e justificará qualquer

---

2 Do verbo esgarçar, que significa rasgar, romper, desfiar. (N. A.)

aliança que haja de haver de nós com os outros nossos Patrícios!(...)
Negros de S. Paulo! Negros do Brasil![3]

Logo em seguida, em 27 de maio, Isaltino oficiou a Pedro de Toledo, interventor federal em São Paulo, para expor o perigo que julgava correr a sede da FNB diante de ameaça de ataque à mão armada. Pedia garantias policiais e justificava nas entrelinhas a recusa da entidade em aderir ao movimento de rebeldia: "O negro está de pé, mas não o quer fazer ingloriamente. Essa atitude que ele não vergará, quer que seja em benefício da nossa paz e bem da coletividade, para o só bem e glória do nosso Brasil".[4] O caso foi encaminhado ao DOPS e em resposta obteve a designação de dois guardas civis para proteger o casarão na rua da Liberdade.

A opção pela "unidade nacional", em defesa da ordem estabelecida pela Revolução de Outubro, que desmontara o domínio oligárquico da República Velha, não teve aceitação unânime entre os frentenegrinos. Tanto assim que a despeito do posicionamento da direção da entidade, foi fundada a Legião Negra em 14 de julho de 1932, data evocativa para os republicanos pela simbologia da queda da Bastilha no início da Revolução Francesa. Integrada à II Região Militar, seu efetivo constituído por cerca de dois mil homens que compunham os três batalhões de infantaria acantonados na Chácara do Carvalho, na Barra Funda, antiga residência da família Prado, da oligarquia paulista. Além disso, mulheres negras também integraram a Legião como enfermeiras.

---

3 SANTOS, A.V. dos . *Meus irmãos Negros! Viva a Raça!* São Paulo, 4 maio 1932.

4 Ofício de Isaltino Veiga dos Santos, secretário da FNB e pelo grande Conselho, a Pedro de Toledo. São Paulo, 27 maio 1932.

A fundação da Legião Negra, à revelia de Arlindo e do grande Conselho, foi acompanhada por intenso chamado ao alistamento pelo rádio e pela imprensa, de que constitui exemplo sugestivo a notícia publicada no jornal paulista *Folha da Noite*, nesse mesmo dia, 14 de julho:

> Começa hoje o alistamento da Frente Negra Brasileira. Em vista de grande número de pedidos de incorporação às tropas combatentes de seus membros mais prestigiosos, os chefes militares do movimento constitucionalista expediram as necessárias ordens para que hoje começasse o alistamento, sob a chefia do capitão Gastão Goulart (...).[5]

A notícia confundia a Frente com a Legião, provavelmente com o intuito de obter alistamento massivo dos frentenegrinos, que segundo testemunhos da época já se contavam aos milhares em todo o Estado. A resposta de Arlindo veio dois dias depois. Facultou aos associados lutar pela "salvação" de São Paulo mas reafirmou a posição inflexível em relação ao movimento constitucionalista, que já era uma revolta armada:

> A Frente Negra Brasileira, União Político-Social da Raça, com a finalidade de lutar pela grandeza da Pátria unida e de trabalhar, sem esmorecimento, pelo alevantamento moral e intelectual do negro no Brasil, pela primeira vez, depois do movimento armado, que se acha de pé e em cuja vanguarda se encontra

---

5   *Apud* DOMINGUES, J.P. *Os pérolas negras*, cit., p. 208, nota 19.

> o grande Estado de São Paulo (...) declara que todos os Frentenegrinos, residentes nesta Capital, no Interior do Estado, já foram cientificados de que a sua liberdade de pensar e agir não está, absolutamente, sujeita a quaisquer imposições da Frente Negra Brasileira, neste momento, mesmo porque não há a mínima ligação com este ou aquele partido político, seja de civis ou militares, estando, porém, sempre solidária com as grandes causas, que venham ao encontro das aspirações nacionais.[6]

A entidade já havia sido procurada sem êxito pelo interventor Pedro de Toledo, que acabara por aderir ao movimento constitucionalista, em busca de apoio à causa paulista. A decisão pela "neutralidade" na verdade consistia na recusa em cerrar fileiras com os rebeldes, alicerçada pelo olhar retrospectivo e crítico sobre a participação dos negros na Guerra do Paraguai, de que pouco teria resultado em benefício dos combatentes. Expressava também a recusa à luta fratricida e não se deixava iludir pela propaganda que identificava o negro como uma das cores das listas da bandeira de São Paulo, para assim manipular sentimentos identitários que vinham ao encontro dos seus anseios integracionistas.

A visão de Arlindo sobre a manipulação política como ameaçadora da obra iniciada na FNB possuía também outra dimensão. Opunha-se à estratégia de segregar o negro em batalhões específicos, que se de um lado seguia uma tendência da época, de formar tropas por profissões, etnias e credo religioso, poderia também significar mais preconceito e discriminação. Esta característica da Legião Negra implicou a

---

6 A Frente Negra e sua atuação no atual movimento. A *Gazeta*, São Paulo, 16 jul. 1932, p. 3 (2. ed).

insistência em exaltar a origem africana dos legionários como fator identitário, e ao mesmo tempo um aceno à sua inclusão por meio do voluntariado nas tropas rebeldes, na identidade paulista, e por extensão, na composição tripartida da nação brasileira. Uma foto da hora do rancho na Chácara do Carvalho registrou soldados usando trajes de inspiração banto (boné e túnica), que valorizavam a identidade afrodescendente. Houve também recurso à denominação dos batalhões com nomes de lideranças negras do passado heroico de modo a legitimar a adesão à causa paulista, tais como o Conselheiro Rebouças, Henrique Dias e André Vidal de Negreiros.

A expressiva resposta dos negros ao chamado pode ter diversas explicações. Além da assimilação da ideologia salvacionista, ou seja, da luta pela democracia, pela Constituição, e da desejada integração simbólica à identidade paulista, havia as dificuldades de sobrevivência no período, dado o grande desemprego. Alistar-se era garantir para muitas famílias soldo, assistência médica e odontológica.

Guaraná de Santana logo adquiriu grande destaque na imprensa ao atuar como recrutador. A publicação de um manifesto de sua autoria, datado de 21 de julho, no clima de entusiasmo pelo alistamento voluntário para a causa constitucionalista, foi mais uma vez associado à sua participação na FNB. Endereçado aos "descendentes da Raça Negra do Brasil", expressava a ideologia que norteou a revolta paulista contra o governo de Vargas. Incorporava confusamente os argumentos da acumulação capitalista não desfrutados pela população de negros pobres e não deixou de alcançar resultados surpreendentes:

> Estamos vivendo a hora mais decisiva da nossa História. Nós, os construtores da grandeza econômica da nossa pátria, que, com nosso sangue, a temos redimido de todas as opressões e com o

leite da Mãe Negra, que a todos nós embalou e ensinou com suas lendas e canções, o grande amor ao Brasil, somos neste momento um dos maiores soldados desta cruzada pelo dever que temos de defender o imenso patrimônio que durante três séculos e meio acumulamos.

O apelo aos heróis consagrados por sua bravura na luta abolicionista, completava o chamado à participação de combatentes na luta da oligarquia paulista para recuperar o poder político em nível nacional, como se esta adesão lhes garantisse a sonhada integração social em pé de igualdade com os brancos:

> A dedicação e espontaneidade com que viemos cerrar fileiras pela defesa da Constituição é prova indiscutível de que os descendentes da Raça Negra, bravos como Henrique Dias, intemeratos como Patrocínio e sábios como os Rebouças, saberão, coerentes com o passado, não desmentir os seus feitos na conquista da vitória pela qual nos batemos: o Regime da Lei – a Constituição.
> Vinde sem demora, onde já se acham acantonados centenas e centenas dos nossos irmãos negros, formar com eles batalhões – a Legião Negra.[7]

Os documentos de seu prontuário no DOPS expõem aspectos da "guerra surda" travada pelas duas facções do movimento negro, assim qualificou a divergência uma carta anônima de denúncia, endereçada

---

7   Apud GOMES, Flávio. *Negros e política (1888-1937)*. Rio de Janeiro: Jorge Zahar, 2005, p. 71-72.

ao chefe da Polícia de São Paulo em 31 de julho de 1932, passadas três semanas do início do conflito. A menção a perseguições de que Arlindo teria sido alvo, inclusive junto ao abade do Mosteiro de São Bento, onde era professor de Latim, revela a extensão e a virulência dos embates, uma vez que houve posicionamento da Igreja a favor dos rebeldes. Mais ainda, a carta procurava incriminar Guaraná de Santana de falsidade, de praticar espionagem para o governo Vargas infiltrado entre os rebeldes paulistas, a despeito dos batalhões que organizou. A luta feroz comportava armas como a difamação e a suspeita de crime ideológico, para não falar do perigo que corria na época alguém acusado de trair a causa paulista.

Ainda assim, o doutor Guaraná prosseguiu seu trabalho de organizar a Legião, mas por pouco tempo. A segunda carta anônima, endereçada desta vez ao Chefe de Polícia de São Paulo, acusava-o de agir como traidor, interessado unicamente em angariar dinheiro com o alistamento.[8] Em nove de outubro desse ano, novamente ele foi objeto de denúncia assinada por Isaltino Veiga dos Santos, ao Delegado de Ordem Política e Social, com a acusação de ter obtido lucros financeiros com a arregimentação de "homens negros para a revolução dita Constitucionalista". Teria recebido dinheiro dos associados da FNB sem dar-lhes o "fim necessário", motivo de sua expulsão da entidade. É possível que a acusação de improbidade no uso do dinheiro tenha sido mais um dos disfarces utilizados para camuflar a disputa política. De todo modo, evidenciou-se uma vez mais o conflito das tendências políticas e suas lideranças.

Nos desdobramentos de um pouco esclarecido caso de destituição/expulsão do legionário tenente João Odorico da Cunha Glória,

---

8   Carta anônima a Thyrso Martins, Chefe de Polícia do Estado de São Paulo, 6 ago. 1932.

teve início a derrocada de Guaraná de Santana. Em 27 de agosto de 1932 foi excluído do "estado efetivo" da Legião Negra como "elemento nocivo à disciplina militar", além de ser acusado de realizar "campanha derrotista", conforme oficiou o capitão comandante Gastão Goulart ao comandante da Primeira Seção do Estado Maior das Forças Constitucionalistas.[9]

De herói incensado pela imprensa paulista, passou a ser investigado pela polícia da Ordem Política e Social, sob suspeita de "terrorismo" e traição. Foi excluído da Legião Negra em 21 de setembro de 1932, com a justificativa de ser "derrotista e indisciplinado", e principalmente pela acusação de fazer parte do círculo do general Góes Monteiro, das forças federais, além de professar a doutrina monarquista. Uma vez sob suspeita, argumentos contraditórios foram empregados para justificar a medida, como a suposição de ter feito discurso junto às "associações russas", numa evidente tentativa de configurar sua completa culpabilidade por proximidade com o socialismo/comunismo, conforme seu prontuário. O que não era de todo infundado, como se verá pelos desdobramentos do episódio.

Restou-lhe solicitar uma declaração do capitão Gastão Goulart sobre sua trajetória na Legião Negra, a qual registrou em cartório para que não pairassem dúvidas sobre sua idoneidade. Segundo o documento, fez parte da Legião Negra de 14 de julho a 31 de agosto de 1932, ali exerceu as funções de ajudante e chefe de recrutamento, além de integrar o conselho consultivo da organização. No entanto, ainda que persistisse no documento oficial a acusação de "falta de compostura civil e militar", foi isento da acusação de ter angariado

---

9   Comunicado n. 157, de 27/08/1932, do capitão Gastão Goulart, comandante do acantonamento da Chácara do Carvalho, ao Comandante da 1.a Seção do Estado Maior das Forças Constitucionalistas ; Carta do Comissário de Ordem Política e Social, s/d .

fundos indevidamente, por não ter sido tesoureiro da Legião. "Nada deve em dinheiro à Legião Negra", foi publicamente declarado quando o conflito já havia terminado, em quatro de outubro de 1932.[10] Derrotados os paulistas, Arlindo fez desfilar a FNB pela capital, em passeata de apoio ao governo central. Por sua vez, Isaltino teria ido ao Rio de Janeiro para audiência com Getúlio Vargas, chefe do governo provisório da República, entrevista de resultado ignorado.

Enquanto a FNB marcava posição contra a rebeldia paulista, outro grupo atuava em trincheira oposta. O Clube Negro de Cultura Social, fundado em primeiro de janeiro de 1932 por iniciativa de José de Assis Barbosa, reunia militantes tarimbados como José Correia Leite (provavelmente a principal liderança), Osvaldo Santiago, Raul Joviano do Amaral, e outros ainda pouco conhecidos: Benedito Vaz Costa, Átila J. Gonçalves, Luís Gonzaga Braga, Benedito C. Toledo, Sebastião Gentil de Castro, Manoel Antônio dos Santos, Antunes Cunha. Deflagrado o conflito, enviou seus militantes para a Legião Negra.

O poema-libelo *Satanás* publicado em 1932 resumiu as posições de Arlindo a respeito da revolução: "Que Deus livre o Brasil das fúrias de tudo isto, e que louvada seja a mansidão de Cristo!".[11] Tão logo ficou claro que para os negros o engajamento como legionários não resultara em benefícios, Arlindo se manifestou com um balanço de sua atuação para denunciar incompreensão e injustiça. Voltava a insistir nos pontos essenciais da luta frentenegrina e desfraldava incansavelmente a mesma bandeira: combate ao analfabetismo, causa do "incivismo", a ser obtido com a fundação de muitas escolas; combate

---

10 Declaração do capitão Gastão Goulart, São Paulo, 24/09/1932, registrado no Cartório de Registro de Títulos e Documentos de São Paulo em 07/11/1932, a pedido do interessado. Gastão Goulart comandou a Legião Negra desde sua formação até a dissolução.

11 SANTOS, A.V. dos. *Satanás*, cit.

"pelo estudo" ao "espírito liberal/preparando à Nação o seu regime ideal"; promoção da "homogeneidade" da "Raça" sem fomentar o segregacionismo e a formação de legiões dos "homens do trabalho, desde o mais superior ao artista do malho". Resumia assim a postura perante a Revolução Constitucionalista:

> Fomentamos da Raça a homogeneidade,
> para não causar dano à Nacionalidade
> e expulsamos sem dó, na higiene nacional,
> toda a lama pior que era internacional.
> Prá bem duma fração da Pátria Brasileira
> Vimos que se lesava a nossa Pátria inteira;
> Protestamos sem medo e opusemos barreira;
> Não consentimos, pois, nas tramas sem critério
> Que põem sangues de além nas províncias do "Império".

Em composição autobiográfica e abrangente de toda a sua militância, Arlindo, consternado dizia: "tudo se tornou uma disputa infinda". Aflora nos versos o confronto vivido desde a fundação da FNB no ano anterior e que explodira a propósito da causa paulista.

CADERNO DE IMAGENS

Imagem 18 - Soldados e enfermeiras. Disponível em: http://voluntariosdepiracicaba.blogspot.com/2011, acesso em 22/12/2014.

Imagem 19 - Soldados da Legião Negra. Disponível em: www.emicida.com/blogacesso, acesso em 22/12/2014.

Imagem 20 - Soldados da Legião Negra com a bandeira de São Paulo. Disponível em: www.coroneltelhada.com.br, acesso em 22/12/2014.

Capítulo 11 - A missão de educar

É inegável a importância que Arlindo Veiga dos Santos atribuía à educação escolar, pois ela constituíra seu passaporte para sair do mundo dos trabalhos domésticos ou manuais, tornar-se professor durante toda sua vida e alcançar reconhecimento por sua obra intelectual. Não admira que a educação constituísse um dos pilares do projeto frentenegrino de permitir ao negro alcançar os "legítimos direitos no campo social, econômico e político" anunciado desde o início da FNB.[1]

Ela surgira em plena era de otimismo pedagógico, quando as associações negras fundadas desde a Primeira República responderam a este apelo com investimento significativo na área. Seja pela escolaridade formal, seja em sentido abrangente de difusão cultural, a escola foi considerada caminho necessário à integração igualitária do negro à sociedade nacional e à superação de seus maiores obstáculos, o preconceito e a discriminação. Para alcançar esse resultado as associações negras

> promoviam atividades culturais, como encenação de peças teatrais, palestras e cursos

---

1   SANTOS, A.V. Aos frentenegrinos. A Voz da Raça, n. 1, 18 mar. 1933.

de caráter instrutivo, sessões de declamação, eventos musicais e algumas delas chegaram a manter equipamentos culturais como jornais, revistas, bandas, corpos cênicos, bibliotecas, cursos regulares e até escolas.[2]

Os recursos disponíveis eram canalizados para toda oportunidade entendida como momento de "elevação da raça". Embora não possa ser localizado um projeto educacional específico e sistematizado, é certo que a educação formal, e sobretudo a alfabetização, tornou-se no pós-abolição uma bandeira que resultou em tentativas de fundar escolas específicas para negros. Educar-se significava também sair do alcoolismo, da boemia e do comportamento socialmente condenável. No bojo das ações propostas e, principalmente, por outros indícios presentes nos jornais, é possível identificar os pilares do edifício educativo sonhado pelas associações negras.

Desde os tempos do Centro Cívico Palmares, a escola específica para negros permanecia o grande ideal. Além disso, biblioteca, palestras, cursos de piano e canto, teatro, foram meios utilizados e a despeito das escassas informações, há indícios da participação de Arlindo nesse projeto como professor.

Com a fundação da FNB o ideal de agir no campo educacional, acalentado pelas associações, foi retomado. Tanto que os estatutos previam em seu artigo 3º que a entidade teria como objetivo "a elevação moral, intelectual, artística, técnica, profissional e física" e para alcançá-lo, foi criado o Departamento de Instrução e Cultura. Respondia propositivamente à exclusão da educação formal, seja por ausência de

---

[2] PINTO, Regina Pahim. *O movimento negro em São Paulo. O movimento negro em São Paulo: luta e identidade.* São Paulo, FFLCH/ Programa de Pós-Graduação em Antropologia/USP, Tese de doutorado,1993, p. 234.

vagas ou preconceito, nas escolas públicas ou da elite, seja pela falta de valorização da escolaridade pelos próprios negros, ou pelo direcionamento precoce das crianças para o mundo do trabalho. A educação da infância e da juventude era indispensável ao projeto integracionista, que visava ressocializar amplamente, norteada pelos valores da FNB. A missão de educar deveria ser cumprida também pela família, mas paradoxalmente não era reivindicada a presença do Estado nesse sentido. Pelo contrário, a FNB chamou a si a tarefa de educar.

No período em que Arlindo presidiu a Frente, houve empenho em montar uma estrutura educacional específica. No casarão da Rua da Liberdade, o espaço era suficiente para se instalarem salas de aula e a campanha pela educação desenvolveu alentada propaganda destinada a convencer os pais a enviarem os filhos à escola. O Departamento de Instrução foi dirigido por José de Assis Pinheiro (até 1933) e em seguida por Aristides Negreiros e Francisco Lucrécio.[3]

Em 1932, foi iniciado um trabalho de alfabetização de crianças, jovens e adultos cujo alcance, repercussão e eficácia permanecem pouco conhecidos. Funcionava inicialmente como escola no período noturno e recebia alunos de ambos os sexos. Além dos cursos de alfabetização houve outros de "formação social" ministrados por palestrantes, entre eles Arlindo, sobre temas da atualidade, política, questões sociais, moral e civismo.

Há grande dificuldade em se avaliar a persistência da escola da FNB na cidade de São Paulo. Sabe-se que o esforço pela escolarização era complementado pela biblioteca para atendimento aos associados e que os cursos alcançaram muito sucesso, chegando a admitir

---

3 DOMINGUES, Petrônio José. Um "templo de luz": Frente Negra Brasileira (1931-1937) e a questão da educação. *Revista Brasileira de Educação*, São Paulo, v. 13, n. 39, set-dez./2008, p. 517-534.

também alunos "não negros", ou seja, toda uma população carente, desassistida, que não tivera oportunidade de frequentar escolas regulares na "idade certa". Estes alunos constituíam na maioria afiliados da Frente e sua participação sugere que a educação se tornara um dos maiores atrativos para crianças e jovens na entidade.

Irradiaram-se as escolas em organizações regionais da Frente, como por exemplo em Campinas e Santos, onde em 1932 funcionavam cursos de alfabetização e outros mais (culinária, desenho, educação física). O projeto educativo se aperfeiçoou posteriormente com a designação de professores pelo Estado para ministrar cursos, na sede da Rua da Liberdade, em salas multisseriadas. Financiado pela associação e por pequenas contribuições de seus frequentadores, supriu na medida das forças da FNB, o papel educativo do Estado, que era insuficiente para erradicar o analfabetismo e a ausência de formação profissional.

A relevância dessa atuação foi reconhecida por muitos de seus integrantes em depoimentos coletados nas últimas décadas do século XX. De fato, a estrutura da FNB em São Paulo fora montada com vistas a propiciar o alcance desse objetivo. Mas além da escolarização básica havia também outros direcionamentos do que poderia ser identificado como educação profissional ou para o trabalho, com aulas de "artes e ofícios" – copiados certamente dos liceus de Artes e Ofícios da época – onde eram dados cursos de marcenaria, pintura, ornamentação, costura e serviços de pedreiro.

O relato de Marcelo Orlando Ribeiro é precioso para se elucidar tal obra. Mineiro de Baependi, nasceu em 1914, e seus pais exerciam ofícios humildes, de ajudante geral e cozinheira. Seu ingresso na FNB ocorreu em 1932, quando ainda era menor de idade, e na sociabilidade frentenegrina encontrou condições para crescimento pessoal e posterior ingresso na Guarda Civil, onde se tornou inspetor-chefe. Em seguida, conseguiu ingressar na Polícia Militar, onde alcançou a patente de tenente-coronel:

> Eu tinha amigos ali, era perto de casa e achei interessante aquilo. Embora não tivesse conhecimento político, achei interessante porque, em princípio, era oferecida a oportunidade de se ter uma associação com rapazes e moças e também havia o aprendizado de algumas coisas interessantes como música, alfaiataria, ler e escrever bem. Havia muitas pessoas que iam lá e não sabiam ler e escrever.[4]

Não há como avaliar a especificidade do ensino ministrado nessas escolas e seu direcionamento para uma eventual pedagogia voltada para o negro e suas condições de vida. Mas há indícios suficientes, veiculados pela imprensa, de sua relevância para a FNB. Com ela esperava-se preparar o negro para enfrentar as injustiças no mundo do trabalho, obter nele melhor inserção e competir em pé de igualdade com trabalhadores estrangeiros na cidade povoada por grandes contingentes de imigrantes. A alfabetização abria também as portas para a cidadania por permitir o acesso ao processo eleitoral, mas não havia insistência nesta conquista nas páginas da *Voz da Raça*, o que surpreende pois paralelamente houve em 1933 campanha pelo alistamento eleitoral dos associados, com vistas às eleições para a Assembleia Constituinte realizadas em maio desse ano.

As crianças eram objeto de interesse e cuidado especial de Arlindo, que buscou por vários meios atraí-las e conservá-las na

---

4 BARBOSA, Márcio. *Op. cit.*, p. 82.

associação. Prepará-las para o futuro, educá-las e integrá-las no mundo do trabalho eram as tarefas hercúleas que procurou desenvolver e sintetizou no *Canto da Criança Frentenegrina*, cuja letra escreveu:

> Criança frentenegrina,
> Quero meus pais imitar,
> É ordem que recebi:
> Aprender e trabalhar.
>
> Quem recua, trai a Raça:
> Quem duvida é Judas vil.
> Eu aceito a Disciplina,
> Pela glória do Brasil.
>
> Trabalho por minha Pátria,
> Progrido por minha Gente.
> Criança frentenegrina
> Sempre avança para a frente.
>
> Posso o que podem os outros,
> O que sabem também sei;
> Numa coisa eu venço a todos
> No Trabalho o negro é rei!
>
> Menino Negro! Esta Pátria,
> Desde o Prata até o Pare
> Chama por ti esperançosa:
> Que esperar, Negro? Vem já!
>
> Ouve, negrinho valente!
> O Brasil grita por ti
> E o grito da Pátria ansiosa
> Vem do peito de Zumbi!

Nesse hino, vários elementos da cosmovisão de Arlindo se fazem presentes: a referência intertextual do hino das congregações marianas – *Do Prata ao Amazonas* – a valorização da disciplina em relação a si próprio, com os outros e com o mundo em geral, a apologia do trabalho e do esforço pessoal; a recusa do paternalismo, do apego ao passado escravista, da vitimização imobilizante, em uma proposta plena de positividade que olhava para o futuro e para a superação do preconceito, das injustiças e da exclusão, sem com isso adotar uma postura de confronto direto num duelo interracial. Além disso, o hino era portador de outros elementos de identificação com a cultura política frentenegrina, tal como a referência a Zumbi, herói de larga receptividade e fácil trânsito no meio. Isaltino também colaborou com destaque nessa obra educativa ao atuar no corpo cênico da Frente, pelas peças que escreveu e dirigiu. O teatro era ali explorado pelo seu valor pedagógico e cultural.

Na FNB a educação era entendida como obra civilizatória e comportava uma diretriz disciplinadora que a entidade exercia sobre seus associados, a qual não se pode dissociar de sua concepção política. O Grande Conselho mantinha-se em constante vigilância sobre o comportamento dos associados, auxiliado pelos "cabos". Censurar e mesmo banir os "inconvenientes" fazia parte de seu horizonte de controle de valores e atitudes dos frentenegrinos.

Arlindo era especialmente zeloso do papel desempenhado pelos livros e outros artefatos culturais no processo educativo amplo. Práticas culturais mesclavam-se no seu ideário com o objetivo de construir um novo negro, que deixasse para trás o peso do cativeiro e integrasse em condições de igualdade, jamais de segregação, a "raça brasileira". Projetou em 1933 o Liceu Palmares, com cursos primário e secundário, além de cursos de alfabetização e formação profissional para o comércio, que seria por ele dirigido. É desconhecido o resultado do projeto.

Igualmente importante foi a persistente catequese realizada pela FNB e seus porta-vozes. A educação religiosa constituía um elemento de peso na formação do novo negro, que deveria se desvencilhar, junto com o passado cativo, dos ritos e crenças africanas, dos batuques e dos cultos afros. O hábito de batuque e samba nos pátios defronte às igrejas da cidade, profundamente enraizado na população de origem africana, era combatido por ser considerado caminho do desregramento, mas abriam-se portas na associação para o ensino de música instrumental e a formação de conjuntos musicais e banda, que se apresentavam em eventos promovidos pela FNB.

Um dos mais marcantes apelos à instrução foi feito por Jim de Araguary (Jayme de Aguiar) aos leitores de A *Voz da Raça* em oito de julho de 1933: "O que o negro necessita é de instrução primária, secundária e superior", afirmava. Seu grito de revolta remexia no passado para reivindicar um lugar no presente e no futuro para os negros, a ser alcançado por meio da escola:

> Estamos em nossa plena época. O negro sabe ser poeta, o negro sabe ser músico, o negro sabe ser artista em todas as atividades da vida. (...) O negro, o próprio, que fora ainda ontem, aquele que sofria os martírios do trabalho, é o emparedado, não dos açoites inqualificáveis de outrora, mas o emparedado, para assim dizer, em todas as conquistas dentro das atividades do progresso que se multiplica cotidianamente. O negro deseja, na época presente, subir mais e mais.

Reforçava-se o apelo à leitura em convergência de esforços pela escolarização: "Os irmãos de raça de S. Paulo, quer façam parte, quer não, da corporação da Frente Negra Brasileira, que a rege, atingirá a altura que lhe está reservada se enveredar com mais ardor no caminho Sacrossanto do livro". O livro deveria conduzir à "vitória final da raça negra no Brasil".[5]

Crianças e adultos foram estimulados a tomar o rumo da escola, apresentada como o "recinto sagrado onde vamos em comunhão buscar as crenças, artes, música (…) mandai vossos filhos ao templo da instrução intelectual – a 'escola'. Não os deixeis analfabetos como dantes".[6]

A campanha coincidiu também com o uso de argumentos religiosos, para legitimar a necessidade de frequência à escola. À medida que Raul Joviano do Amaral e seu grupo se fortaleciam na associação, ampliava-se o espaço destinado aos temas de fundo religioso ou ao tratamento religioso dos temas, como foi o caso notório da educação. Com o jornal sob seu comando, dilataram-se os apelos calcados no valor social da educação e a esses argumentos acrescentaram-se os do catolicismo. Os livros passaram a ser anunciados como "pão celestial" e a educação, caminho para o desenvolvimento das faculdades, do corpo e do espírito, ou seja, formação do caráter, "a mais sagrada e a mais patente das funções sociais". Mais precisamente, na educação depositava-se a "redenção" e a "afirmação da raça".

Um resultado palpável dessa estratégia foi a designação em 1934, pelo governo estadual, de uma professora comissionada, Francisca de Andrade, para juntamente com Jersen Paula Barbosa, lecionarem na FNB onde atenderiam noventa alunos matriculados. Com isso, a parceria com o Estado significou reconhecimento oficial dessa escola multisseriada. A manifestação mais contundente desse otimismo

---

5 MARIANO, João B. A vitória do negro está no livro. *A Voz da Raça*, 17/06/1933.
6 Rumo à escola. *A Voz da Raça*, 17 jun. 1933.

pedagógico que encontrava na escola a tábua de salvação do negro foi escrita por José Bueno Feliciano:

> O sentimentalismo envenenado das nossas escolas, com as suas referências mais ou menos tolas ao "pretinho Benedito", com os seus elogios de raposas do heroísmo de Henrique Dias, tem dado ao negro a impressão de que os seus antepassados foram uns desgraçados e que os jovens negros só por isso tem de ser sempre vencidos. É preciso porém que o negro tenha coragem de afirmar-se, pois não há motivos para temores, tudo que existe no Brasil é obra do negro. O negro deve ser respeitado, caso contrário, reagir. *Negros e brasileiros.*

Os negros deveriam estudar "a fim de não serem insultados a cada momento. Instruídos e educados seremos respeitados, far-nos-emos respeitar. Não nos esqueçamos de que só o livro completará a redenção da Gente Negra do Brasil".[7] A educação seria a forja de onde sairia o novo negro, liberto de todos os atavismos e grilhões do passado e do presente, capaz de olhar para um futuro mais digno. A nova leitura da História seria o eixo fundamental para a construção da nova identidade valorizadora e estimulante da autoestima que desembocaria necessariamente na integração à nação brasileira, pois a incorporação de valores novos – do mundo dos brancos – permitiria o "resgate do negro".

---

7 FELICIANO, José Bueno. O negro na formação do Brasil. *A Voz da Raça*, 24 jun. 1933.

CADERNO DE IMAGENS

Imagem 21 - Escola da Frente Negra Brasileira (BARBOSA, Márcio. *Frente Negra Brasileira - depoimentos*. São Paulo: Quilombhoje, 1998, p. 43).

Imagem 22 - Frontispício do jornal *A Voz da Raça*.

Imagem 23 - Reunião na Frente Negra Brasileira.

O Cavaleiro Negro 199

Imagem 24 - Reunião na Frente Negra Brasileira. Na primeira fila, o terceiro da esquerda para a direita é Arlindo Veiga dos Santos.

Delegação ao aniversário da Frente Negra Brasileira em 1935.

Imagem 25 - As Rosas Negras, conjunto de dança da Frente Negra Brasileira. Disponível em:www.quilombhoje2.com.br, acesso em 05/12/2014.

Imagem 26 - Visita de grupo de crianças da Frente Negra Brasileira ao monumento do Museu do Ipiranga.

'BLACK FRONT' MEETING PLACE

The official building of the Frente Negra in San Paulo, Brazil, where that great organization recently held an inter-sectional congress.

Imagem 27 - Sede da Frente Negra Brasileira na rua da Liberdade, fotografada pelo jornal *Chicago Defender* em 1934 e publicada em *A Voz da Raça*, n. 2, 25/03/1933. (in: DOMINGUES, Petrônio. Como se fosse um boomerangue. *Revista Brasileira de Ciências Sociais*, São Paulo, v. 28, n. 81, São Paulo, fevereiro de 2013. Disponível em: www.scielo.br, acesso em 05/12/2014.

Capítulo 12 - Cortiços e Porões

Morar em casa alugada era experiência familiar para Arlindo. Conhecera de perto as habitações precárias e as "ordens de despejo", sempre presentes no cotidiano da população de baixa renda. Sua origem humilde o sensibilizou para a situação comum em São Paulo nas décadas de 1920 e 1930 e esteve na raiz de uma das estratégias da Frente Negra, a campanha pela casa própria.

De fato, o problema era grave pois o estigma e a segregação delimitavam "territórios negros" onde se concentrava a população de baixa renda em casas coletivas ou cômodos alugados. Um desses locais foi o bairro do Bexiga, que teve origem no quilombo da Saracura e continuou sendo, após a abolição, um bairro de habitações precárias porém muito procurado, dada a proximidade da Avenida Paulista, onde podiam encontrar trabalho. Outrora um "pedaço da África" por abrigar escravos fugidos, libertos e forros no século XIX, encravado entre as avenidas Brigadeiro Luís Antônio e Nove de Julho, às margens do rio Saracura, hoje encoberto por esta avenida, ali conviviam negros e imigrantes italianos no início do XX. Entre as ruas Rocha, Uma e Marquês de Leão, fortes manifestações da cultura de raízes africanas caracterizavam a vida da população, que além de empregar-se morro acima nos palacetes do espigão da Avenida Paulista, fazia pequenos misteres de ferreiro, carregador, cocheiro e à noite se reunia nos quintais para batuques com bumbos, pandeiros e chocalhos.[1]

A concentração populacional negra no Bexiga decorreu também da remodelação do Centro Velho realizada pelo prefeito Antônio Prado (1899-1911), que alargou ruas, demoliu prédios, cortiços e moradias para dar lugar a uma nova ocupação do espaço urbano.

Assim foi que no início do século XX surgiram núcleos residenciais de negros próximos aos bairros de Higienópolis e Campos Elíseos, onde podiam se empregar no serviço doméstico. A Barra Funda foi também ocupada dessa maneira por propiciar oportunidades de trabalho nos armazéns e na estrada de ferro. Além do bairro de Lavapés, essas eram as regiões preferencialmente ocupadas por negros, sem contar o Jabaquara, remanescente de antigo quilombo.

No entanto, suas moradias, especialmente aquelas próximas ao centro da cidade, caracterizavam-se pela precariedade e pela insalubridade. O jornal *Progresso* já se manifestara favoravelmente à demolição dos cortiços, em 1929, no artigo intitulado "Favelas Paulistanas":

> Assim como no Rio de Janeiro e [sic] ainda tem suas favelas, São Paulo conserva no meio do rápido desenvolvimento da sua nova expansão urbanista, núcleos bárbaros, ou antes, quase selvagens de uma vida que contrasta como frisante anacronismo com o progresso da capital paulista. São os "cortiços". Trata-se de habitações ainda mais rudimentares e menos compatíveis com qualquer forma de vida civilizada do que os

---

1 KOGURUMA, Paulo. A saracura: ritmos sociais e temporalidades da metrópole do café (1890-1920). *Revista Brasileira de História*, v. 19, n. 38, 1999, p. 81-99.

> casebres análogos que sobrevivem no Rio de Janeiro.
>
> É possível que os "cortiços" tenham um pitoresco das coisas que sobrevivem como relíquias de eras remotas; mas a sedução com que eles podem fascinar um ou outro passadista mais ortodoxo não compensa os prejuízos morais e materiais resultantes para a comunidade paulistana de persistência desses feios fragmentos de antiguidade. Sob o ponto de vista sanitário os "cortiços" são focos de moléstias epidêmicas e relevante foi por certo o seu papel nas recentes incursões da pandemia gripal, que tanto mal fizeram a S. Paulo. (...) no tocante ao ambiente que proporcionaram aos elementos criminosos da cidade.
>
> Agora para a abertura da avenida S. João, a Prefeitura demoliu o Trezentos, o mais célebre "cortiço" da capital, acabando assim com a mais feia mácula que destoa do progresso, da beleza do moderno S. Paulo.[2]

A campanha pelas novas moradias na cidade tomou impulso em novembro de 1929, num ímpeto modernizador que procurava acompanhar a transformação da cidade em metrópole. Repercutiu no jornal que estampou nova matéria sobre a crise habitacional:

> O elevado preço de casas está alarmando o alto comércio da Cidade. Quando os fortes negociantes do Triângulo gritam, façamos uma ideia de que vai pelos bairros pobres, onde

---

2 Progresso, n. 18, 24 nov. 1929.

num quarto pouco maior de que um ovo, ou num escuro porão, residem numerosas famílias, pagando por eles um aluguel proibitivo.

Achamos que S. Paulo, subindo de hora em hora, deveria na sua desenfreada escalada aos céus, ir olhando para os pequeninos, para aqueles que necessitam de um lugar decente para repousar do afadigoso labor quotidiano.

Possuímos terrenos de sobra para estendermos a Piratininga para todos os lados. Nesse prolongamento acaso não ficariam bem alguns bairros com casas modestas?

Pensem sobre o assunto os nossos capitalistas.

Na década de 1930, o problema do déficit de moradias e consequente encortiçamento da cidade sensibilizou a direção da FNB. Arlindo respondeu a ele com a campanha pela casa própria, motivada pela abertura de novos loteamentos em bairros distantes do centro, onde se promovia uma "periferização das classes populares".[3] Em contrapartida, além da propriedade da moradia, a desocupação dos porões e cortiços promoveria nova estrutura dos espaços familiares. Por meio do jornal *A Voz da Raça* estimulou os frentenegrinos a comprar terrenos em novos bairros que se formavam para acolher moradores deslocados do centro: Casa Verde, Vila Formosa, Parque Peruche, Cruz das Almas, Bosque da Saúde. Configurou-se uma nova territorialização onde famílias negras passaram a edificar habitações segundo padrões considerados mais adequados do ponto de vista sanitário, em lotes comprados mediante financiamento.

---

3   ROLNIK, Raquel. *Op. cit.*, p. 35.

Ainda está para ser avaliado o impacto dessa nova ocupação do espaço urbano sobre a população negra residente nos bairros do centro ou próximos a ele, onde uma vida comunitária se estruturava: terreiros, times de futebol, salões de baile, sociedades culturais e recreativas, espetáculos teatrais e musicais, irmandades religiosas, igrejas, quintais, as tias negras e seus agregados em vida familiar de organização extensa, além de diversas opções de lazer, das quais o baile era sem dúvida dos mais apreciados e concorridos. O apelo para a aquisição da casa própria valia-se da possibilidade de maior liberdade para os moradores que nas casas alugadas.

Horácio Cunha foi um dos que contribuíram para a campanha da desocupação de cortiços e porões ao defender a liberdade para realizarem-se bailes e sambas e apontar como impedimento a tais práticas o fato de os senhorios serem contrários a elas. Os moradores de casas alugadas não eram livres para promover esses divertimentos em suas casas, pois

> quando nós temos necessidade de alugar um quarto ou uma sala o que o proprietário logo grita: Não quero bailes nem visitas em minha casa. Até há quem diga que já acabou a escravidão! Até na casa que alugamos e pagamos pontualmente não temos o direito de fazer um divertimento.

Não era sem resistência que os associados acatavam a norma proibitiva da realização de bailes na sede da FNB, lembrada por Horácio Cunha que ao defender a necessidade da casa própria, levantou voz de protesto que traduzia o descontentamento com a norma draconiana:

> Muito se tem falado que é preciso acabar-se com esses bailes e sambas que existem por todos os cantos e recantos da cidade, porque é um antro de perdição.
> Não é verdade que todos os bailes sejam perdição; porque quem quer ser perdido não precisa ir nos bailes, é perdido mesmo.
> O que é preciso é que todas as Mães quando suas filhas receberem um convite para baile, seja sempre acompanhadas de seus pais ou irmãos de acordo com os bons costumes da família, porque assim teremos certeza de estarmos reunidos e formados em nosso meio social.[4]

Ali estava uma provocação do autor à formação jesuítica de Arlindo ao afirmar que

> no princípio das catequeses os Padres Jesuítas mandavam tocar música e bater Bumbos e caixinhas, formavam um samba ou cateretê para atrair os indígenas e assim eles vinham chegando aos poucos sem ter necessidade de fazer violência.

Até mesmo o compositor Assis Valente foi invocado pois seu *Elogio do Samba* reivindicava:

> Autoridade tem que dar
> Carta branca para os negros dançar.
> Basta ser um Brasileiro
> Prá saber se comportar.

---

4 CUNHA, Horácio. Os sambas e os bailes. *A Voz da Raça*, 30 set. 1933, n. 22 (respeitada a redação original).

Para Arlindo a higienização das moradias significava também novos hábitos, visto sua aversão aos bailes e sambas, muito concorridos e propícios a resultar em conflitos. Para ele, talvez o deslocamento geográfico da população negra para fora dos cortiços tivesse também um efeito "saneador" para além dos aspectos da saúde pública, por desestruturar essas práticas. O tema mereceu sua manifestação em *A Voz da Raça*, em defesa da casa própria contra o aluguel:

> Precisa o negro saber que ele tem família ou há de ter; que precisa conquistar o futuro para si e para os seus; que precisa prever os maus dias da vida, a que ninguém está escape; precisa de propriedades, seja, pelo menos, a CASA PRÓPRIA. Cada pai negro, cada família negra deve cultivar esse IDEAL e trabalhar por ele: TER UMA CASA PRÓPRIA VINCULADA. O pai negro que, trabalhando toda a vida e ganhando bem, morre sem deixar uma moradia para os seus, pequenina que seja, é um pai criminoso, indigno, que merece ser desenterrado e fuzilado pela imensa falta que cometeu.(…) Vocês precisam largar de morar em porão. Vamos morar com decência, não é preciso morar aqui na Liberdade. Vamos morar num bairro distante. Eu dizia: olha, eu felizmente moro em casa própria. E vocês também precisam morar em casa própria.[5]

Existe portanto além das razões higienistas um fundo moralista na campanha pela casa própria que ultrapassava as dificuldades de

---

5 SANTOS, A.V. dos. Apelo à economia. *A Voz da Raça*, 1 (24), 28 out. 1933, p. 1.

pagamento do aluguel. Segundo Regina Pahim Pinto, a campanha alcançou resultados pois a compra de terrenos a prestação, de materiais e a prática de construir em mutirão, resultaram em novas ocupações do espaço urbano da então periferia de São Paulo.[6]

A convicção do poder disciplinador da moradia se fez assim presente na FNB, em defesa de uma cidade higiênica enquadrada nos padrões morais dominantes.

---

6   PINTO, Regina Pahim. *Op. cit.*, p. 110-111.

Capítulo 13 - Atração do Sigma

Desde a fundação da Sociedade de Estudos Políticos (SEP) em 1932, por Plínio Salgado, houve um movimento de atração de Arlindo Veiga dos Santos e seu grupo da Pátria-Nova pelo integralismo. Os dois movimentos correram paralelos, convergentes em instantes pontuais em somatória de forças possibilitada pela identidade entre pontos básicos dos dois programas.

Os primeiros contatos podem ser localizados após a revolução de 1930, a partir da colaboração dos patrianovistas em revistas de orientação antiliberal, entre elas *Hierarchia* (Rio de Janeiro) e *Política* (São Paulo) que publicavam artigos de militantes ou simpatizantes de movimentos autoritários. Estes periódicos aglutinavam os descontentes com a política do PRP, os descrentes das possibilidades saneadoras da Aliança Liberal e antiliberais convictos, unidos pelo anticomunismo que os levava a defender a organização corporativa da sociedade.

Reuniram-se na SEP, cujo caráter heterogêneo resultou do agrupamento de insatisfeitos com a República dos coronéis, dos inquietos com a "questão social" e com a ameaça de proletarização, dos antimaterialistas, anticomunistas e nacionalistas, todos à procura da grande "solução nacional" que permitisse a construção do novo Brasil. A atuação de Plínio Salgado no jornal *A Razão*, de São Paulo, havia lhe creditado popularidade e liderança entre esses grupos.

Na SEP dois grupos destacavam-se, patrianovistas e plinistas, estes, republicanos e majoritários, constituídos sobretudo por estudantes da Faculdade de Direito de São Paulo. Entre os patrianovistas, estiveram presentes além de Arlindo, Sebastião Pagano, Ataliba Nogueira, Rui Barbosa de Campos e Joaquim Dutra da Silva. O programa da SEP, pela amplitude, podia abrigar católicos, republicanos, monarquistas e nacionalistas "integrais". Usando-o como bandeira, Plínio Salgado procurava cooptar grupos já organizados, como os da revista *Hierarchia* e da *Revista de Estudos Jurídicos e Sociais* (Rio de Janeiro); de Olbiano de Mello e dos mineiros que se reuniram para fundar o Partido Sindicalista Brasileiro. Atraiu a Legião Cearense do Trabalho que arregimentava operários sob o comando de Severino Sombra, em busca da união entre as classes para solucionar a "questão social" por meio de uma "terceira via" que superasse os problemas do capitalismo sem enveredar no socialismo ou no comunismo e preservasse a Nação regida pelo princípio da autoridade.

Os patrianovistas participaram da SEP até que dela resultou o lançamento da Ação Integralista Brasileira (AIB), em sete de outubro de 1932, após um período de espera pela definição do panorama político conturbado pela Revolução Constitucionalista em São Paulo. Enquanto os plinistas aguardavam o momento propício para lançar um manifesto, os patrianovistas iniciaram a transformação do Centro Monarquista de Cultura Social e Política Pátria-Nova em Ação Imperial Patrianovista Brasileira (AIPB). O afastamento dos patrianovistas ocorreu no lançamento do manifesto integralista de outubro de 1932, conhecido como *Manifesto Doutrinário*, no qual havia dois pontos dissonantes do ideário patrianovista: a postura perante o catolicismo e a opção pelo regime republicano.

A visão teísta da história contida nesse *Manifesto* e expressa em seu artigo primeiro pelo enunciado "Deus dirige os destinos do povo" implicava em menor compromisso do movimento com o catolicismo que o primeiro ponto do programa patrianovista: "Credo – privilégio do catolicismo. Religião obrigatória nas escolas públicas, nos quartéis, institutos hospitalares e correcionais". O *Manifesto* afirmava as "raízes cristãs da nossa História", defendia a "moral religiosa" e afinava com o catolicismo em pontos essenciais, como o antiliberalismo e a visão organicista da sociedade. Em suma, o *Manifesto* revelava uma visão de mundo espiritualista, porém não comprometida exclusivamente com o catolicismo, o que deixava em aberto a possibilidade de simpatizantes que professassem outros credos, sobretudo protestantes, filiarem-se ao movimento. O símbolo que identificava o movimento, a letra grega sigma, condensava seu ideal de soma como diretriz para o seu projeto político.

O segundo ponto polêmico referia-se ao regime político. Desde 1930 é possível localizar nos escritos de Plínio Salgado desilusão com o PRP, partido pelo qual havia sido deputado estadual, e, no contexto mais amplo, com a política oligárquica. Divergia da ordem republicana e ao compará-la com o Império, concluía pela sua desvantagem: "O Império legou à República um país unido, homogêneo, vibrando pelo mesmo coração; a República, com mais vinte ou trinta anos, terá completado sua obra de dissociação".[1] Crítica semelhante pode ser encontrada em artigos publicados no jornal *A Razão*, nos quais a superioridade da monarquia era argumento utilizado na crítica aos partidos políticos regionais.

---

1   *Plínio Salgado* (obra coletiva). São Paulo: Revista Panorama, 1936, p. 47.

No entanto, por ocasião do lançamento da AIB, Plínio Salgado e o grupo majoritário na SEP haviam se decidido pelo regime republicano e se desembaraçaram de compromissos explícitos com a proposta monarquista para afirmar seu projeto político próprio, sem contemporização:

> Cada brasileiro se inscreverá na sua classe. Essas classes elegem, cada um de per si, seus representantes nas Câmaras Municipais, nos Congressos Provinciais e nos Congressos Gerais. Os eleitos para as Câmaras Municipais elegem o seu presidente e o prefeito. Os eleitos para os Congressos Provinciais elegem o governador da Província. Os eleitos para os Congressos Nacionais elegem o Chefe da Nação, perante o qual respondem os ministros de sua livre escolha.[2]

No momento em que o grupo reunido em torno de Plínio Salgado lançou a Ação Integralista, tornou-se insuperável a divergência entre patrianovistas e plinistas e inviável a fusão entre eles. Vencidos em pontos básicos de seu programa – a forma monárquica de governo e o catolicismo como religião oficial do movimento – os patrianovistas mantiveram sua independência. Entretanto, dada a afinidade programática em vários pontos, conservaram-se os elos entre os dois movimentos e, mais ainda, no discurso patrianovista encontra-se a partir daí a defesa do Integralismo como proposta complementar à da Pátria-Nova. Um dos momentos de convergência ocorreu na homenagem à Família Imperial em março de 1935,

---

2 SALGADO, Plínio. *O Integralismo Brasileiro Perante a Nação*. Lisboa: Oficina Gráfica, 1946.

em Petrópolis, durante o 2º Congresso Integralista, quando os patrianovistas foram convidados a comparecer à cerimônia, fardados com os uniformes de sua milícia.

O Integralismo congregou grande número de católicos, a ponto de ser identificado como "movimento de católicos". Bispos, sacerdotes, intelectuais e estudantes universitários foram atraídos pelo seu programa de base espiritualista, defensor das tradições cristãs do Brasil, do anticomunismo e da visão da "questão social" de modo aproximado à proposta católica de cooperação e harmonia entre as classes sociais. A ausência de pronunciamento do episcopado sobre tais adesões abriu a leigos e sacerdotes a possibilidade participar da AIB como simpatizantes ou militantes. Vários sacerdotes ocuparam postos na hierarquia do movimento, chegando alguns a fazer parte da Câmara dos Quatrocentos que o dirigiu.

A inexistência de um partido que canalizasse a participação política dos católicos tranquilizava a hierarquia sobre eventual confronto desfavorável no terreno da política institucional e preservava a "neutralidade" da Igreja Católica, porém deixava a descoberto um espaço que os demais partidos, apesar da atuação da Liga Eleitoral Católica (LEC), não se mostravam capazes de preencher. É certo que a opção da hierarquia pela estratégia de compromisso dos candidatos aos cargos eletivos com o programa da LEC evitou o desgaste político da Igreja. Porém, o movimento de renovação do catolicismo, iniciado e apoiado pelo cardeal D. Sebastião Leme, criava entre os leigos, principalmente profissionais liberais e intelectuais, a exigência de um canal mais definido de luta pela recuperação de posições perdidas pela Igreja desde que esta se separara do Estado com o advento da República. A estratégia da conquista do "poder indireto" não satisfazia os mais entusiasmados defensores de uma Igreja atuante, empreendedora da reconquista de seu papel organizador da sociedade e do Estado.

Nesse sentido, na década de 1930, a opção para os católicos foi a militância em movimentos políticos cujos programas se afinassem com o catolicismo. Entre eles, o integralismo e o patrianovismo preencheram as expectativas de ação, sobretudo o primeiro, uma vez que não se propunha, como o movimento monarquista, a derrubar a ordem republicana e se desviava dos inconvenientes que a reaproximação entre os poderes temporal e religioso poderia trazer. Seu programa continha elementos acordes com o catolicismo antiliberal, ainda que não houvesse nele profissão de fé católica. Alceu Amoroso Lima, chefe do laicato, chegou a incentivar os católicos a se filiarem à AIB.

À medida que o Integralismo se fortalecia, buscava ampliar o espectro das alianças; a FNB, que se expandia rapidamente, era cortejada para alianças políticas, como se viu no episódio da Revolução Constitucionalista. Obter a adesão da FNB como aliada do Integralismo significava contar com um parceiro político organizado e navegando nas mesmas águas ideológicas: defesa do Estado integral, baseado na organização de classes corporativa, antiliberal e anticomunista, estruturado pelo princípios da ordem, hierarquia e disciplina. O lema integralista (Deus, Pátria, Família) era o mesmo da FNB, ao qual fora acrescentado o termo Raça. A escassa documentação disponível fornece dados significativos dessa parceria política entre integralistas e frentenegrinos, que ultrapassou o âmbito da sede da FNB em São Paulo. Na cidade de Santos, houve em 1932 um ato público conjunto entre os dois movimentos, noticiado pelo jornal *A Plateia*:

> A reunião efetuou-se no salão de atos da sede daquela associação de classe, na Praça da República,

76. A ela compareceram os associados frente-negrinos, inúmeros elementos pertencentes à classe dos empregados das docas, estiva, funcionários da alfândega, empregados do comércio e ferroviários, enchendo o grande salão que apresentava um aspecto magnífico e solene. (...).
A sessão foi presidida pelo sr. Plínio Salgado, sentando-se ao seu lado o dr. Silveira Lobo, inspetor do Ministério do Trabalho, (...) e o sr. Alberto Orlando, orador oficial da Frente Negra Brasileira de Santos. O sr. Alcides Mello saúda os integralistas, apontando o sentido nacionalista do movimento e louvando o sentimento de unidade nacional do povo brasileiro. Plínio Salgado, apresentado à assembleia pelo sr. Alberto Orlando, que, enalteceu a sua obra de alto nacionalismo e sadio patriotismo, falou aos frente-negrinos e operários de Santos. Saudado vibrantemente pela assistência, começa afirmando as ideias da Ação Integralista Brasileira que a mocidade brasileira, assegura o orador, há de implantar no Brasil. Entrou, em seguida, na exposição dos princípios do Integralismo, explicando porque a Ação Integralista combatia a liberal-democracia, o comunismo, o marxismo, o sufrágio universal, o atomismo da política estadualista dos partidos políticos brasileiros, estadualistas e desagregadores.
Indicou o integralismo como única solução do complexo problema brasileiro. Porque era uma solução integral. E para a integração do Brasil num pensamento assim renovador contava-se

com o alto espírito de nacionalismo do povo brasileiro, com vontade firme (...).
Por último, usou da palavra o sr. Alberto Orlando agradecendo ao sr. Plínio Salgado a sua presença, enaltecendo o valor da sua obra, afirmando que todos os bons brasileiros o acompanhariam naquela campanha de nacionalismo.[3]

Desde 1933, quando se acirrou a disputa ideológica, os integralistas encontraram apoio na FNB e espaço na *Voz da Raça* para propaganda de seu movimento, em aliança na luta anticomunista e nacionalista. Chegara o tempo das milícias e da demonstração ostensiva de força de movimentos políticos organizados, em espaços públicos urbanos. Patrianovistas e frentenegrinos adotaram também essas práticas de propaganda. Houve uma radicalização do discurso frentenegrino e intensa mobilização, visível na publicação de hinos, poesias e chamados à ordem e à ação em *A Voz da Raça*. Para despertar os ânimos, o departamento de propaganda da entidade organizava reuniões na Lega Lombarda.

Em maio desse ano, pela primeira vez, surgiram apelos à formação da milícia frentenegrina, a "falange cívico-militar dos negros", comandada por Pedro Paulo Barbosa. O chamado ao recrutamento de "todo negro válido" esclarecia que a milícia era "complemento indispensável à vida moderna das nações" e seu apelo, peremptório:

> Dotado que é naturalmente do espírito militar, não pode o Negro ficar indiferente à iniciativa frentenegrina, de educar a nossa Gente para os percalços da vida nacional, porque à

---

[3] *A Plateia*, São Paulo, 16 nov. 1932. Apud DOMINGUES, Petrônio. *A insurgência de ébano*, p. 278.

força do inimigo da Pátria que um dia nos poderá surpreender devemos opor a nossa força disciplinada e coesa. Todos, pois, à Milícia Frentenegrina.[4]

Em resposta, formou-se em São Paulo um grupo de milicianos fardados de branco, estimulados pelos integralistas para o enfrentamento com a Frente Única Antifascista de São Paulo (FUA), a qual reunia grupos de diversas tendências de esquerda, embora não apoiada pelo PCB. Participaram de sua fundação as entidades Grêmio Universitário Socialista, União dos Trabalhadores Gráficos, Liga Cívica 5 de julho, Liga Comunista, Seção Paulista do Partido Socialista Italiano, Bandeira dos 18, Grupo Socialista Giacomo Matteotti e o Grupo Italia Libera, além dos jornais O *Homem Livre* e *A Rua*.[5]

No campo oposto, o apelo à milícia frentenegrina era feito sem subterfúgios, em defesa da Pátria contra os "extremistas":

> Na Rússia, o comunismo implantou o mais despótico regime de que se há notícia... Portanto, se não quiseres cair nas garras aduncas desse mostrengo, fujamos dele e o evitemos e, ainda mais, cerremos fileiras em torno das autoridades legitimamente constituídas.[6]

Os "milicianos da fé" logo foram identificados pelas esquerdas com as milícias fascistas e nazistas, pois 1933 foi o ano em que os nazistas alcançaram o poder na Alemanha.

---

4   *A Voz da Raça*, n. 7, 29 abr. 1933.
5   CASTRO, R.T. A Frente Única Antifascista (FUA) e o antifascismo no Brasil (1933-1934). *Topoi*, Rio de Janeiro, dez. 2002, p. 354-388.
6   *A Voz da Raça*, n. 19, 19 ago. 1933.

As críticas da oposição tiveram de ser rebatidas. Olavo Xavier esclareceu que se tratava de uma iniciativa dos integralistas à qual era necessário aderir para ações defensivas, inclusive na própria sede da FNB. Apresentou a milícia formada por Plínio Salgado, composta de 200 homens "que o Integralismo criou e vai exibir, conforme anúncio, em praça pública". Lembrava episódios da Revolução de 1932, quando teria havido "eficiência cívica de organização" no casarão da Rua da Liberdade, na resistência à formação da Legião Negra. Clamava pelo espírito militar, pela disciplina e pela ordem:

> Os negros, patrioticamente disciplinados, moral, cívica e militarmente, deixaram-se conduzir, inabaláveis e fortes, pelo mesmo ritmo de um comando. "Não aderimos". Isto foi uma ordem. Uníssona. Irrevogável. Houvesse o que houvesse. E assim, pois, garantiriam sob as ameaças impertinentes do m.m.d.c., a neutralidade mais notável que se poderia supor numa gente essencialmente revoltada.[7]

A palavra de ordem, em 1933, era formar milícia, militarmente treinada e educada em "aulas cívicas". Não se encontram dados consistentes sobre sua organização e atuação, mas é certo que desfilou com bandeiras da FNB pelas ruas de São Paulo em 1934 e atuou na manutenção da ordem em eventos que envolveram a entidade, impedindo a entrada e manifestações de indivíduos ou grupos hostis.

Logo os milicianos seriam chamados para os embates com seu principal antagonista, a FUA, num combate que se acirraria nos anos que antecederam o Estado Novo. Houve uma guinada na FNB,

---

7   XAVIER, Olavo. Milicianos da fé. *A Voz da Raça*, n. 7, 29 abr. 1933.

visível em seu jornal, que se tornou cada vez mais mobilizador e radicalizado em defesa da nação católica.

Um dos chamados à ação conjunta entre integralistas e frentenegrinos foi um artigo de Plínio Salgado publicado na *Voz da Raça*, em apelo à mobilização anticomunista e à ação nacionalista:

> O Brasil está devendo até a raiz dos cabelos. O Brasil está em 20 naçõezinhas petulantes que não respeitam a Grande Nação.
> O Brasil está repleto de companhias, sindicatos, bancos estrangeiros que lhe desceram as entranhas. O Brasil tem na barriga uma flora de partidos imorais. O Brasil sofre a sarna de uma imprensa escandalosa, quase toda vendida a grupos de panelinhas. O Brasil está atacado de gangrenas comunistas. O Brasil está deformado, feio, triste, gafento. Sempre deitado, até o Hino Nacional.
> Um gigante "deitado eternamente em berço esplêndido". Ridículo.
> Alerta! Alerta! Alerta! Mocidade da Pátria.
> De pé, Moços!
> Entremos violentamente na história!
> Salvemos o Brasil![8]

Embora breve, o texto condensava o essencial da luta entre socialistas/comunistas e os seus opositores. Trazia um chamado à participação na milícia, em reforço à propaganda que vinha sendo feita na FNB. Não há dados estatísticos, mas a falta de evidências por si só fala da pequena expressão numérica das fileiras frentenegrinas.

---

8   *A Voz da Raça*, n. 38, 26 maio 1934.

Certamente sua milícia não alcançou a extensão das integralistas, de organização muito mais complexa e dotada de maior força mobilizadora. Entre os negros, o apelo ao enfileiramento encontrou pequena repercussão, mas o suficiente para que os camisas brancas – frentenegrinos e patrianovistas – comparecessem a atos públicos ombro a ombro com os camisas verdes.

Desde 23 de março de 1933, quando pela primeira vez os integralistas marcharam pelas ruas de São Paulo, a estratégia da AIB consistia em ocupar espaços públicos e demonstrar sua força. Na sequência, esses desfiles se repetiram pelas cidades do interior e da capital do Estado. O de junho de 1934 ocupou as ruas da cidade de São Paulo com cerca de três mil manifestantes fardados.

Por essa época, a atuação de Raul Joviano do Amaral (1914-1988), o doutor Joviano ou Rajovia (pseudônimo na imprensa) começava a se destacar na FNB. Bacharel em Direito, jornalista, escritor, Joviano foi membro da Irmandade de Nossa Senhora do Rosário dos Homens Pretos de São Paulo. Sua presença na direção da FNB foi decisiva para manter o grupo e impedir que se dividisse. Foi também significativa do papel desempenhado pela Igreja Católica, por intermédio do laicato organizado, no movimento negro. Sua atuação como "capitão" e instrutor da milícia frentenegrina decorria de sua experiência na Legião Negra, onde havia ministrado instrução militar aos incorporados.

No movimento patrianovista a mesma forma de mobilização fora implantada. A Guarda Imperial Patrianovista recrutava jovens militantes interessados em defender o Brasil católico e em preparar a instauração do Terceiro Império. Fardados de camisas brancas, ostentavam no braço esquerdo um cruz setada em vermelho que simbolizava a dimensão religiosa do movimento. Segundo o testemunho de Joaquim P. Dutra da Silva à autora, tratou-se de

> uma exteriorização que era necessária porque naquele tempo estavam muito em voga os "camisas verdes" e os "camisas pretas" (...). a Guarda Imperial Patrianovista era uma espécie de sinal externo da existência de uma organização, mas não para efeito de ação militar, mas simplesmente porque levaríamos suas insígnias.

Os dirigentes patrianovistas eram aconselhados a organizar milícia, formada por homens de quinze a quarenta anos de idade, comprometidos com a militância monarquista: "Preparai as vossas camisas brancas, que usarão com calça, gravata e casquette azuis. Preparai, sobretudo, os corações e os braços! Para a luta que vem!".[9] Os milicianos empregavam a saudação "Glória!" acompanhada do gesto do braço direito levemente estendido, com os dedos polegar, indicador e médio levantados. A fórmula resultava da abreviação do "Glória à Santíssima Trindade!", saudação oficial do movimento e alternativa para o "Por Deus, pelo Brasil, pelo Imperador". Segundo vários depoimentos, esses milicianos nunca portaram armas. Desfilaram em Santa Catarina e no Paraná e possuíram sede própria na cidade de São Paulo, onde foram chefiados por Altino Mendes.

A organização do movimento patrianovista espelhava a da FNB e assim como ela, apoiava-se na estrutura vertical do comando, constituída pela chefia-geral e pelo Supremo Conselho. As publicações

---

9 SANTOS, A.V. dos. O Comando Patrianovista (folheto). São Paulo, 1 dez. 1933.

do período dirigiam-se especialmente à juventude, empregando linguagem marcial:

> Sentido, patrianovistas de todo o Império! Alistai-vos todos, vós mocidade do Resgate, alistai-vos todos na Guarda Imperial Patrianovista para impedirdes, junto às outras forças da Ordem, a restauração das instituições democrático-liberais, e para não vingarem as tramas secretas dos anticristãos que, verificando a impossibilidade de conter a marcha irrepresável da Mocidade Imperial, quererão fazer a "sua" revolução monárquica, num sentido negativo e liberal que Pátria-Nova não pode, de maneira alguma, admitir.[10]

Tema controverso na FNB e alvo de ataques por parte das esquerdas, que nela identificavam uma organização inspirada no fascismo, a milícia passou a ser ousada e abertamente fomentada. Era o que dizia em quatro de julho de 1934 *A Voz da Raça*:

> De acordo com a deliberação do Grande Conselho, cientificamos aos Frentenegrinos em Geral, que fica criado, debaixo de nossa Bandeira, a MILÍCIA FRENTE NEGRINA, sendo nomeado para Chefe o esforçado conselheiro, sr. Mário da Silva Júnior. Todo o bom frentenegrino deve ser um miliciano.

---

10 Entrevista de Benjamin de Salles Arcuri à autora. São Paulo, 11 jul. 1978.

Mais forte que nunca era o chamado ao compromisso, ampliado pela estratégia de mobilizar os meninos frentenegrinos, em apelos diretamente dirigidos por Arlindo aos jovens:

> Menininhos briosos da Frente Negra Brasileira!
> A MILÍCIA FRENTENEGRINA está criada!
> Brevemente vocês verão recebendo as instruções os seus pais, os seus irmãos mais velhos, afinal todos esses que, avantes valentes da FNB, antecedem a vocês nos árduos trabalhos do alevantamento da Gente Negra patrícia. Vocês ficarão entusiasmados vendo desfilar aos seus olhos os milicianos garbosos que se prepararão para a defesa da Pátria e da Raça, cooperando para fazer da Nação Brasileira todo um grande povo de intelectuais, de soldados e de guerreiros como os grandiosos Brasileiros do Passado, seus invejáveis Avós.
> Como é?
> E vocês não têm inveja? Não querem entrar nessa brilhante porfia?
> Respondam.
> Sim! Vocês certamente não querem ficar atrás.
> Vocês também querem fazer força, não é?
> Pois bem!
> Então gritem bem alto
> NÓS OS MENINOS FRENTENEGRINOS QUEREMOS FORMAR A NOSSA PEQUENA MILÍCIA! NÓS QUEREMOS QUE SE FUNDE O ESCOTISMO FRENTENEGRINO! QUEREMOS SER ESCOTEIROS FRENTENEGRINOS!

> Se vocês gritarem isso bem alto, o Grande Conselho, os Chefes da gente Negra brasileira fundarão para vocês a Legião Escoteira Frentenegrina![11]

O mesmo número do jornal que anunciava a saída de Arlindo da presidência da FNB, estampava o chamado ao alistamento em tom imperativo, de regozijo, pelo chefe que deixava a cadeira principal da entidade. Apelava às crianças em novo direcionamento: não se tratava mais de recrutar homens válidos mas as crianças eram chamadas também a se mobilizarem por meio da organização de escoteiros.

---

11 *A Voz da Raça*, 7 jul. 1934.

Capítulo 14 - Candidato

Os estatutos aprovados em 1931 estabeleciam em seu artigo primeiro que a FNB consistia na "união política e social da Gente Negra Nacional, para afirmação dos direitos históricos da mesma, em virtude da sua atividade material e moral no passado e para reivindicação de seus direitos sociais e políticos, atuais, na Comunhão Brasileira". Era de se esperar que além das ações no campo dos direitos civis e da luta para superar o preconceito, a discriminação e a marginalização, haveria algum empenho no campo especificamente político-partidário.

Depoimentos diversos afirmam que não se falava em política na associação, mas é preciso ir com cuidado a essas fontes pois há muitas evidências em contrário. Se Arlindo Veiga dos Santos não conseguiu fazer dela um desdobramento integral da Pátria-Nova, como parece ter sido seu propósito inicial, houve, desde a elaboração dos estatutos que organizaram e deram corpo à entidade, uma afinidade muito grande com ideais e propostas do campo antiliberal, antidemocrático, anticomunista e corporativista, ou seja, de uma concepção autoritária da política. Esta proposta dispensava a participação no jogo político pela via partidária pois buscava soluções vindas do alto, que se imporiam a consensos trabalhados na base.

No entanto, a grande movimentação política motivada pelas eleições para a Assembleia Nacional Constituinte em 1933 acabou por mudar o panorama. A polarização ideológica entre comunismo/socialismo e movimentos inspirados no fascismo passara a fazer parte das possibilidades antes dominadas hegemonicamente pela democracia liberal. Desde a fundação do PCB em 1922, da AIPB em 1928 e da AIB em 1932, o campo político abrigava forte disputa entre propostas antagônicas.

Após a derrota dos paulistas na Revolução Constitucionalista em 1932 e a consequente reafirmação do poder de Getúlio Vargas, foi buscada nova configuração política pelo chamado à Constituinte. A FNB havia até então obedecido ao comando de seu chefe e mantivera-se ao lado do chefe do Governo Provisório da República e dos ideais que naquele momento ele representava: a quebra da oligarquia paulista e do liberalismo que inspirara a organização do Estado republicano desde 1889. Chegara a hora de buscar um avanço da luta que vinha sendo travada.

O ano de 1933 trouxe para Arlindo grande movimento em torno das eleições para a Constituinte. Nesse ano e com vistas à definição do novo arcabouço legal para o Brasil, a FNB atuou como ponta de lança do catolicismo antiliberal, para isso publicando em seu jornal artigos de orientação católica. Este discurso, sobretudo nos textos autorais de Arlindo, adquiria um tom apocalíptico à medida que os partidos e os movimentos políticos e sociais disputavam espaço para seus projetos. A Frente ecoava com clareza e ênfase crescente o antagonismo entre os "esquerdistas" e os "nacionalistas cristãos", o combate da Igreja contra satanás. A demonização do inimigo pautou a estratégia de desqualificação dos adversários, a qual para minar-lhes as posições amiúde acusava de traidores, recorrendo à metáfora de judas da raça.

A percepção de Arlindo sobre o momento era de grande perigo, o qual apresentava aos associados como grave crise da sociedade:

> Frentenegrino!
> Estamos em plena luta.
> Gostamos desses momentos épicos quando as forças do mal se desencadeiam, quando os instintos baixos da escória e da plebe se manifestam, quando o cinismo, a hipocrisia, a infâmia, a canalhice, a estupidez, a sórdida mentira, o ódio e a inveja, os planos inconfessáveis se revelam para destruir os baluartes da verdade e do bem.[1]

Ao mesmo tempo, consolidava-se a hegemonia do grupo de Arlindo na FNB, que resultou no *Decreto de Fevereiro*, documento *sui generis* pelo título e pelas intenções. Assinado pelo seu presidente, foi uma das suas mais importantes manifestações sobre a autoridade e o poder, num ato de força em que assumiu plenamente a posição de chefe do movimento frentenegrino após as tormentas do ano de 1932. Estabilizara-se no controle da entidade, apoiado em uma chamada à ordem pela republicação dos estatutos originais, acrescidos do Decreto que continha minúcias do poder pretendido.

Documentos estruturantes, organizadores, acompanharam a formação de milícia, a ação arregimentadora dos cabos, a exacerbação do discurso de cunho religioso e anticomunista, que traduzia a leitura do momento como grave crise e ameaça à nacionalidade.

No *Decreto de Fevereiro*, a grande preocupação consistia em firmar a autoridade e a liderança de Arlindo no interior do movimento

---

1 SANTOS, A. V. dos. Alerta. A *Voz da Raça*, n. 3, 1 abr. 1933, p. 1.

e com isso preparar a sequência revelada poucos meses depois – sua candidatura à Constituinte como representante da FNB. Reafirmava a "suprema autoridade", concentrada nas mãos do Grande Conselho, acima do qual ele se encontrava.

Havia nele intento disciplinador e punitivo do exercício da autoridade, manifesto pela previsão de multa, suspensão e expulsão aos faltosos das reuniões do Conselho, acompanhadas da denúncia pública do transgressor. Todas essas medidas dirigiam-se também aos associados, para que agissem como uma única voz sob seu comando. A exacerbada ênfase na defesa da autoridade, da ordem e do enquadramento indicava alguma dispersão a ser controlada com firmeza por Arlindo. Denotava também a constante campanha contra o relaxamento dos costumes, as imoralidades, os comportamentos inconvenientes, segundo as normas da associação. Sobretudo, indicava o perigo da sedução dos associados pelos movimentos de esquerda. O chamado à unidade revelava as tentativas de cooptação da FNB por outros movimentos ou grupos políticos:

> Somente o G.C. [Grande Conselho] pode resolver sobre alianças e entendimentos com as associações políticas, político-sociais ou outras, atendendo-se a que com ninguém de modo que venha a perder a sua autonomia não pode a F.N.B. ligar-se doutrinária, política ou econômica.

A ameaça de traidores tornara-se para Arlindo uma obsessão. Reagia aos que identificava como inimigos externos da sociedade brasileira e da civilização cristã: os liberais-democratas, os "esquerdistas", os comunistas, os internacionalistas que solapavam o edifício da cristandade com suas doutrinas materialistas e dissolventes da nacionalidade.

É de se lamentar verdadeiramente o desaparecimento de atas e demais documentos da secretaria da Frente, pois com zelo organizador Arlindo providenciou para que a vida da instituição ficasse devidamente registrada. De cambulhada com a posterior derrocada da instituição em 1937, foram-se os papéis e hoje apenas a imprensa e poucos documentos esparsos podem iluminar a vida associativa desse momento de grande riqueza de debates.

O ponto culminante dessa marcha para a política partidária foi sua candidatura às eleições em 1933, ocorrida em maio desse ano. No contexto de mobilização que caracterizou o Governo Provisório e o rearranjo político pós-Revolução de 1930, Arlindo e seu grupo haviam desenvolvido estratégia mais agressiva da FNB: a fundação do jornal semanal A Voz da Raça e da milícia de forças do "bem" para o combate às forças do "mal" que estariam ameaçando a nação. O lema do jornal havia sido criado por Isaltino: "O preconceito de cor no Brasil, só nós, os negros, podemos sentir". Em complemento, estampava os pilares da organização frentenegrina, "Deus, Pátria, Raça e Família". Neste primeiro momento, tinha como redator o guarda-livros Deocleciano do Amaral e por secretário, Pedro Paulo Barbosa; seu objetivo era claramente mobilizador, em defesa dos interesses dos frentenegrinos. Em formação de combate, a FNB recebia a ordem de Arlindo: marchar, mesmo que enfrentando dificuldades, para "despedaçar as últimas trincheiras dos inimigos da Pátria e da Raça", com coragem, perseverança e retidão de caráter em defesa do Brasil cristão e da raça negra.[2]

A FNB se expandira por alguns Estados (Bahia, Pernambuco, Rio Grande do Sul) e núcleos haviam sido formados em Minas Gerais (Uberaba, Muzambinho, Monte Santo, Passos, São Sebastião

---

2 SANTOS, A.V. dos. Aos Frentenegrinos. A Voz da Raça, n. 1, 18 mar. 1933.

do Paraíso, Guaranésia), São Paulo (Rio Claro, Sorocaba, Campinas e Itapira, Brotas, Corumbataí), além de sedes distritais na cidade de São Paulo, nos bairros da Lapa, Santana, Casa Verde, Brás, Vila Mariana, Perdizes, Pinheiros, com intensa movimentação dos cabos encarregados de cobrança das mensalidades dos afiliados.

Os núcleos ou delegações, como eram chamados, mantinham uma relativa autonomia em relação à Chefia-geral da FNB, mas muitos deles replicavam a estrutura departamental e atividades diversas que eram realizadas na sede em São Paulo. O movimento crescia e esse crescimento despertava entusiasmo nas lideranças. Festivais litero-musicais, homenagens aos cordões carnavalescos, bailes, espetáculos teatrais e atividades esportivas eram recursos amplamente utilizados para atrair e conservar afiliados. Compositores e poetas negros tinham oportunidade de divulgar seus trabalhos, como o Lino Guedes e Isaltino, com suas peças de teatro apresentadas no Cine Teatro Roma, situado à Rua da Barra Funda. No território da música, hinos e valsas foram criados e muitas vezes executados nas festividades e sessões solenes da FNB. A marcha *Palmares* (música de Isaltino e letra de Belisário Santos) e o *Hino da Frente Negra Brasileira* (letra de Arlindo Veiga dos Santos e música do Professor Alfredo Pires), também conhecido como *Canto da Frente Negra Brasileira* eram importantes elementos da identidade frentenegrina, é o que se pode verificar nesse hino:

HINO DA FRENTE NEGRA BRASILEIRA

Salve! Salve! Hora gloriosa,
Em que aponta no país,
Esta aurora luminosa
Que fará a Pátria feliz.
(Coro) Gente Negra, Gente Forte,

Ergue a fronte varonil,
És a impávida coorte
Honra e glória do Brasil.
Os herdeiros dos lauréis,
do trabalho, a ciência, a guerra,
Surgem nobres e fiéis
Pelo amor da Pátria Terra.
São do sangue escravo herdeiros,
De Tupis e de Africanos,
Que confiantes brasileiros
Bradam soberbos e ufanos.
Cesse a voz dos preconceitos!
Caia a bastilha feroz,
Que o valor dos nossos feitos
Ruge altivo dentro em nós.
Nossa cor é o estandarte
Que entusiasma Norte e Sul;
Une a todos para o marte
sob o Cruzeiro do Azul.

Já por essa época, a Frente se tornara uma organização bastante complexa que procurava atrair novos sócios oferecendo serviços diversos, como os de cabeleireiro masculino e feminino, oficinas de costura, palestras, festas com a presença de orquestra própria. Sem descuidar da religião, pois missas comemorativas eram presença constante no noticiário do jornal. A vida associativa comportava também uma direção mutualista mediante a criação da Caixa Beneficente, destinada a proporcionar socorro mútuo aos afiliados. Além dos cursos de alfabetização, começava a propaganda do projeto do Liceu Palmares. A luta pela admissão na Guarda Civil alcançara sucesso em 1933 e cerca de duzentos negros foram incorporados, garantindo-lhes uma fonte de renda fixa. No esforço integracionista, as denúncias de discriminação encaminhadas ao Grande Conselho recebiam tentativas de solução negociada ou encaminhada juridicamente.

Todas essas estratégias construíam redes de sociabilidades que propiciavam aos frentenegrinos convívio de grande valor, onde diversos interesses eram atendidos e não apenas a política se manifestava, embora difusamente presente. Para melhor se legitimar, a diretoria convidava autoridades civis e militares para conhecerem a sede da Rua da Liberdade e participarem de sessões solenes. O chefe da Polícia do Estado, Bento Borges da Fonseca; Daltro Filho, comandante da II Região Militar de São Paulo; o Comandante da Força Pública, coronel Dimas Menezes foram alguns desses convidados. Outra iniciativa de aproximação com o Estado foi a visita, em 1933, de Isaltino a Getúlio Vargas, no Palácio Rio Negro, em Petrópolis, devidamente documentada com foto. Completava essas iniciativas a constante repetição da sentença lapidar: "fora da Frente Negra, o negro não tem salvação". Foi em meio a esse clima de euforia que teve início a campanha pelo alistamento eleitoral dos frentenegrinos na própria sede. Começava o investimento na participação política por meio do voto.

Parecia impossível uma candidatura de Arlindo pela Frente Negra, que até aí não se constituíra em partido político, igualmente inviável pelo movimento patrianovista, pelo mesmo motivo. A solução encontrada foi a mal sucedida tentativa de transformar a FNB em partido, fracasso logo noticiado pelo jornal *Brasil Novo*. A recusa do Tribunal Regional da Justiça Eleitoral em efetuar esse registro em 1933 foi justificada pela amplitude nacional pretendida – e que correspondia à expansão dos núcleos da FNB pelos Estados – a qual ultrapassava a competência do órgão. O insucesso foi celebrado com regozijo pelo seu opositor Guaraná de Santana, que o festejou na imprensa.³

Dado o impasse, restou o registro da candidatura avulsa de Arlindo, provavelmente na expectativa de obter votos das duas associações, a frentenegrina e a patrianovista. No entanto, identificou-se na propaganda apenas como candidato da FNB. A ausência explícita de vínculo da candidatura com o movimento patrianovista pode ser entendida também como estratégia para não arruinar a possibilidade de obter votos entre os frentenegrinos. Melhor dizendo, Arlindo fez questão de apresentar-se desvinculado do monarquismo, mesmo que sua condição de chefe deste movimento fosse pública. Afirmava separar os dois movimentos que presidia, o patrianovista e o frentenegrino e reiterava que na Frente, era "somente negro e nada mais". Na verdade, em ambos os grupos levava adiante idêntica luta contra as "doutrinas exóticas", o ataque à propriedade privada e o internacionalismo. Era porta-voz de uma concepção política partilhada pelos católicos antiliberais que no entanto acabariam por eleger deputado constituinte Plínio Correia de Oliveira.

Foi necessário que Arlindo se manifestasse sobre suas ligações com o Patrianovismo, no jornal *A Plateia* (26/01/1933). Desmarcou-se do "doutrinismo monárquico" na sua atuação da FNB, que entendia ter assumido feição republicana. Não abdicou de suas convicções políticas monarquistas, mas procurou separar os dois movimentos, ao afirmar que a FNB foi

> fundada num espírito novo, orgânico, em harmonia com as evoluções sociais do mundo contemporâneo, em que perecem os valores negativos da tradição renascendo os positivos,

---

3   SANT'ANA, Guaraná de. A última pá de cal. *Brasil Novo*, n. 16, 17 jul. 1933.

como no caso da sindicalização vertical das classes, muitas vezes burlada pelo primitivismo da luta de classe, apregoada pelo socialismo.

Embora convictamente antiliberal, dizia não cogitar na FNB de questões de regime, ali sua luta se direcionava para conseguir "dentro do regime atualmente em vigor no país, as reivindicações dos direitos dos negros", a defesa da brasilidade, da unidade nacional, da afirmação dos "direitos históricos da gente negra".[4]

Logo que se esboçou a candidatura de Arlindo, o Supremo Conselho Patrianovista decidiu vetar aos seus subordinados a participação no pleito como candidatos da AIPB. Foram orientados para apoiar a Liga Eleitoral Católica (LEC) sufragando os candidatos por ela indicados, ou inscreverem-se em partidos cujo programa não contrariasse as reivindicações católicas. Naquele momento, isso implicava na desistência de identificarem-se como monarquistas, aceitando a indicação da Igreja, que pretendia manter-se neutra perante as formas de governo, e apresentar-se claramente em defesa da ordem. Era também uma decisão coerente com a concepção corporativa da política abraçada pela Pátria-Nova. De fato, a candidatura de Arlindo à Constituinte pela FNB não contou com o apoio do Supremo Conselho Patrianovista, e sua fragilidade indica um impasse surgido do confronto entre os objetivos iniciais da AIPB, a orientação da Igreja de atuar por meio da LEC e a tentativa de estabelecimento de uma nova práxis ao participar do pleito.

Entre o lançamento da candidatura de Arlindo pela *Voz da Raça* em 29 de abril e as eleições em três de maio de 1933, pouquíssimo tempo lhe restou para a propaganda. Apesar disso, apresentou-se com um

---

4 SANTOS, A. V. dos. *A Frente Negra Brasileira e o Patrianovismo*. A Voz da Raça, 15 abr. 1933.

Programa Orgânico Sindicalista de viés nacionalista, defensor do Estado orgânico corporativo, das populações (sobretudo a negra e a mestiça) e tradições nacionais. Lançado em 25 de abril de 1933, a poucos dias das eleições, sua plataforma resumia-se em quatro pilares: Deus, Pátria, Raça e Família. Reiterava ser contrário à vinda de imigrantes que traziam a concorrência no mundo do trabalho, bem como ao "espírito de arianização" que resultava em preconceito.

Propunha defender na Constituinte o

> ESTADO ORGANICO-SINDICALISTA
> em que se representarão "realmente" as forças produtoras DA Nação, destruindo automaticamente todos os agentes da exploração nacional que se criam e sustentam no desmoralizado Estado liberal-democrático. Naquele estado, terão representação garantida as expressões da realidade nacional, como seja a grande massa das nossas populações negras e mestiças abandonadas por um regime de exploração do homem e esgotamento da terra.

A premissa afinava com as correntes autoritárias, defensoras de um novo modelo de organização da sociedade e do Estado. O embate entre nacionalismo e internacionalismo pode ser lido como postura anticomunista e também como posicionamento no debate sobre o direcionamento da economia brasileira abalada pela crise de 1929-1930, quando novas propostas surgiam para diversificação das atividades. Tanto os debates acalorados que antecederam a instalação da Constituinte quanto o retorno dos paulistas insurretos do exílio eram interpretados por Arlindo como indícios de reorganização das forças oligárquicas, fortalecimento do poder dos liberais, possibilidade de uma guinada restauradora do domínio perrepista e consequente fracasso do direcionamento centralizador que vinha sendo seguido pelo Governo Provisório. Em resposta a essa questão propunha:

> a nacionalização do comércio e a proteção à lavoura, às indústrias nativas, abandonando a si mesmas as artificiais e que vivem da desgraça das nossas populações, especialmente das classes pobres, abaixariam o custo de vida, porque exportaríamos mais da população nacional, especialmente da Terra, podendo, consequentemente, importar mais, e mais barato.

O ponto crucial do programa defendido por Arlindo residia na proposta de uma organização estatal corporativista em substituição aos partidos e sindicatos, para com isso sanear a política e principalmente dar novo direcionamento às relações entre capital e trabalho. Ou seja, a recuperação atualizada das corporações de ofício medievais transplantadas para o Brasil colonial,

> cuja técnica e funcionamento, esboçado na Colônia, foram vedados pela era democrática, para mal do povo brasileiro e gozo de alguns demagogos e politiqueiros. Fundados, pois, os sindicatos verticais, dentro do espírito cooperativo cristão, harmonizar-se-ia a questão do capital e do trabalho, fugindo o Brasil tanto à prepotência capitalista cuja injustiça vai aniquilando e "internacionalizando" os governos e a nação, como à tirania comunista que ameaça as nossas tradições, os nossos lares, nossa

minguada economia e a nossa terra, capaz de ser presa dos bandidos moscovitas que fariam de todas as riquezas do País – patrimônio legado por nossos Maiores, – um tesouro de financiamento da revolução bolchevista universal judeu-cosmopolita.

Nesse contexto apontava ao mesmo tempo os erros do inimigo interno e do externo, que se confundiam no discurso e nas práticas cotidianas da associação:

> a nossa infeliz Gente Negra Brasileira, tão infeliz que tem por maiores inimigos muitos dos seus próprios membros, cujo egoísmo, cujo instinto reles e desejosos de ruínas de valores, quer atacar toda hierarquia, toda superioridade moral ou mental, para nivelar tudo numa democracia de bobagem, falida em todo o mundo, mas que alguns primitivos idiotas pensam que é a coisa mais atual, mais "viva", sobre a superfície da terra.

Uma luta sem quartel, uma batalha a ser ganha a cada dia, pois os oponentes eram igualmente aguerridos, fato que requeria alerta constante e contínuas escaramuças, cotidianos combates da sempiterna luta do bem contra o mal, como externou Arlindo: "Somos nacionalistas intolerantes e repelimos, e repeliremos sempre quem quer que vier com doutrinas exóticas corromper, com o espírito de luta de classes e de ataque à propriedade a mentalidade dos frentenegrinos".

Embora tivesse optado por marcar presença no cenário político como representante da FNB, seu manifesto-programa não era de modo algum incompatível com o programa da AIPB. Os pontos fundamentais desta proposta política desdobravam-se nos dois movimentos, com exceção do monarquismo, estrategicamente eliminado do Programa com que Arlindo concorreu às eleições em 1933. Porém os demais pontos eram denominadores comuns: a concepção antiliberal e antidemocrática da política, a organização sindical corporativista, o nacionalismo e a religião como princípio organizador da sociedade e do Estado.

Terra, raça, tradição e trabalho eram os lemas que condensavam a resposta de Veiga dos Santos ao capitalismo explorador do homem, ao "argentarismo", às propostas socialistas, anarquistas e comunistas; valorizava a integração das classes na organização corporativa do Estado, para promover a justiça social, a harmonia entre capital e trabalho, em lugar da luta de classes destruidora, uma vez que possuía no horizonte o confronto com a "revolução bolchevista universal judeu-cosmopolita". Dirigia-se assim aos trabalhadores e patrões, com o discurso contrarrevolucionário de denúncia da exploração dos trabalhadores, ao mesmo tempo tranquilizador dos proprietários, ademais contemplados com a bandeira da proteção à indústria nacional. *Sui generis* era sua defesa de "Toda a terra do Brasil a todos os brasileiros, extinção das concessões estrangeiras".

Especificamente sobre os negros e mestiços, Arlindo sustentou a proposta integracionista ao relembrar os pontos do *Manifesto aos Negros* de 1931:

> Integralização absoluta, completa, do negro em toda a vida brasileira – política, social, religiosa, econômica, operária, militar, diplomática, etc. – o negro brasileiro deve ter toda formação e toda aceitação em tudo e em toda parte, dadas as condições competentes (que

devem ser favorecidas) físicas, técnicas, intelectuais, morais, exigidas para a "igualdade perante a lei". O Brasil precisa absolutamente cessar de ter vergonha da sua Raça aqui dentro e lá fora, na vida internacional.

Neste curto texto é possível verificar sua concepção de raça que nada tem de "racista". Além de defender a nação mestiça, nunca advogando a "pureza" de uma raça, criticou teorias branqueadoras comuns à época no Brasil e no exterior: "enforquemos o tal 'espírito de arianos', que faz tanto mal aos negroides do Brasil". Tanto que um desdobramento da proposta consistiu na defesa, no programa, de suspensão da entrada de imigrantes por vinte anos como recurso para "valorização moral, intelectual, física e econômica das populações negras e mestiças, de modo que mais tarde, possam ASSIMILAR NACIONAL E RACIALMENTE todos os elementos adventícios".

Outra não foi sua constatação da iludível nação mestiça ao afirmar a ausência de um "tipo racial" no Brasil, e em contrapartida defender a existência de uma Raça brasileira que necessitava "ser defendida, valorizada, educada, melhorada por si mesma e não por transfusão de outros sangues, apenas teoricamente melhores". Braço a braço, irmão negro e irmão branco, era sua proposta "racista". Claro que a preocupação de fundo era operacionalizada com os conceitos de raça disponíveis no momento mas os abandonou, por considerá-los inadequados à realidade brasileira. Quanto à Pátria-Nova, era território de brancos, ali este tema não tinha grande acolhida, embora constasse do seu programa.

Em suma, o manifesto-plataforma revelou claramente e em detalhes o pensamento político de Arlindo, exceto sua adesão ao monarquismo, que por estratégia não podia alimentar pela imprensa e mesmo na FNB naquele momento. Trata-se do texto mais teórico e dogmático, denso, publicado por ele na imprensa negra.

A campanha foi rápida mas intensa. A mobilização miliciana foi ampliada, com a chamada em abril de 1933 para que os frentenegrinos ingressassem nas fileiras comandadas por Pedro Paulo Barbosa. Os "milicianos de fé" replicavam as fileiras das congregações marianas que lhe serviram de patamar para o ideal mobilizador, mas iam muito além delas, espelhavam os movimentos autoritários e legionários em ascensão no Brasil, integralismo, patrianovismo, Legião Cearense do Trabalho. A mobilização miliciana enfaticamente estimulada por Paulo Barbosa no jornal intimava os frentenegrinos a fazerem jus ao seu aprendizado da disciplina ocorrido no episódio revolucionário de 1932 e tomar parte nos "grupos de assalto":

> Essa disciplina foi a consequência da educação de milícia que os negros possuem desde antes da rebelião, que agora, mais coesa ainda, aguarda a oportunidade de se fazer notar com seus grupos de assalto.
> Ora, todo aquele que achar desnecessária a existência de corporações que somente existem para o reforço incondicional da legalidade, da paz comum, é categoricamente, suspeito, a não ser que o seu meio de vida e o seu passado ainda venham reforçar esta afirmativa. A criação de milícias em S. Paulo ou no Brasil, não pode, absolutamente, ser criticada, e mui principalmente, a milícia da Frente Negra Brasileira, que já tendo dado mostras do seu acendrado amor à ORDEM, não está com

Sancho nem com Martins está somente e simplesmente com a Pátria.[5]

Lançada a candidatura, a campanha foi rápida e intensa, pois era preciso habilitar os eleitores. A alfabetização de adultos rendia seus frutos e a sede da FNB se transformou em posto de alistamento eleitoral e no dia da eleição distribuiu cédulas aos eleitores. "Caravanas da verdade" foram ao interior do Estado de São Paulo (Sorocaba, Itu, Campinas, Limeira, Jundiaí, Itatiba, Amparo e Rio Claro), para levantar apoio à candidatura.

No dia 3 de maio, a sede transformou-se em um "formigueiro", dada a intensa movimentação de frentenegrinos que vinham em busca de cédulas para a votação. Não foi suficiente para a vitória, pois Arlindo obteve pouco mais de uma centena de votos. A autonomia das delegações localizadas fora da cidade de São Paulo e o alto índice de analfabetismo podem ter contribuído para este resultado.

Segundo A Voz da Raça, Arlindo obteve "vitória moral".[6] Reconheceu com altivez a derrota e a considerou degrau para lutas futuras. Ainda mais porque a representação classista proposta em sua plataforma foi aprovada no anteprojeto da Constituição em 1933. O depoimento do conselheiro e posteriormente secretário Francisco Lucrécio, colhido nos anos 1980, esclarece as intenções: não teria havido intenção ou esperança de vitória eleitoral, mas apesar disso Arlindo se candidatara para conscientizar os negros de que eram cidadãos com direitos políticos.

---

5 XAVIER, Olavo. Miliciano da fé. A Voz da Raça, n. 7, 29/03/1933.
6 A Voz da Raça, n. 8, 06/05/1933.

Capítulo 15 - O Frenteveiguismo

Lançada a candidatura de Arlindo Veiga dos Santos à Constituinte, o recém-fundado jornal *Brasil Novo*, sob a direção de Guaraná de Santana, seu arqui-inimigo, promoveu-lhe um combate feroz. Ódios antigos e novas motivações se mesclaram na demolidora campanha feita contra o presidente da FNB e seu irmão, atendendo aos interesses do movimento antifascista.

De início o jornal havia se alinhado com o governo revolucionário de 1930, apoiara Getúlio e o interventor em São Paulo, general Waldomiro de Carvalho, tecendo louvores à legislação implantada pelo presidente da República. Mas os tempos em que ele se levantara com a Legião Negra contra esses mesmos poderes na Revolução Constitucionalista de 1932 foram reavaliados. No primeiro número do *Brasil Novo*, em três de abril de 1933, prestou contas do mau passo, dizendo ter sido um engodo, uma manobra, uma tapeação para os que se alistaram. Em sua avaliação, para eles nada restara após o fim do movimento armado, além da permanência na pobreza. Mas o momento era de reunião das forças da esquerda contra o fascismo e os movimentos nele inspirados, aos quais se juntou o jornal, com a justificativa de lutar pela democracia.

O *Brasil Novo* não ocultava nem disfarçava sua opção política, apenas a desmarcava do comunismo, aparentemente mais "perigoso", e se fazia defensor, mais do que do negro, da classe proletária, em arrazoado confusamente construído:

> Porque somos socialistas?
> Porque desejamos a felicidade do Brasil
> Porque dentro dos ideais que nortearam a revolução de 1930, o Socialismo é a única forma político-social capaz de nos dar a evolução que ansiamos, sem os excessos e os riscos de nos deslocarmos para uma ditadura proletária no Brasil (...).
> O governo revolucionário, está cumprindo o que prometeu, está dando ao Brasil uma legislação avançada, evoluída.
> Negros, proletários, e oprimidos, jamais tiveram o amparo governamental e legal que a Revolução de 1930 está nos dotando.
> Os corrilhos, plutocratas, os eternos inimigos da massa que trabalha, encontram a cada passo obstáculos para a realização dos seus programas, absorventes, egoísticos, contrários à índole evolutiva dos povos.
> E, quais são esses embargos, esses obstáculos? A legislação humana, socialista, que a República Nova consciente e sinceramente está realizando.
> Viemos da opressão e chegaremos à realidade de uma democracia, onde exista uma

legislação adequada ao momento, que é alta e evidentemente socialista.[1]

Nessa contenda, o alvo preferencial do grupo de Guaraná de Santana (Gervásio Moraes, Benedito Florêncio e certo dr. Lázaro) foi a influência do patrianovismo na FNB. Embora a acusação de fascismo fosse discretamente levantada contra os irmãos Veiga dos Santos, o monarquismo e sua expressão politicamente organizada, a AIPB, receberam ataques pelo *Brasil Novo*, enquanto o integralismo era poupado.

Arlindo esteve na berlinda em artigos onde a FNB foi apontada como reduto do monarquismo, pois sua candidatura à Constituinte incomodou o grupo do *Brasil Novo* e prolongou o acerto de contas travado nos episódios da fundação da FNB, do empastelamento da redação do *Clarim d'Alvorada* e da Legião Negra. Para desencorajar os votos dos frentenegrinos à candidatura de Arlindo a deputado constituinte, o jornal combateu o "monarquismo de certo doutor em filosofia. Homem de mentalidade estreita e servil, evoluído no fundo das sacristias. Beijador hipócrita das mãos dos sacerdotes, e praticante sacrílego da eucaristia". A hora era republicana, o jornal insistia, e por essa razão a lembrança de reis e imperadores não podia ultrapassar o nível da reminiscência.[2] Insinuava que a restauração da monarquia significaria para os negros a volta da senzala e do chicote.

A crítica a Arlindo e Isaltino prosseguiu em diversos números desse jornal, inclusive reagindo a uma carta de D. Pedro Henrique de Orleans e Bragança, publicada nos jornais da época, na qual o

---

1 *Brasil Novo*, 3 abr. 1933, p. 1.
2 SANT'ANA, Guaraná de. Arregimentem-se Negros do Brasil. *Brasil Novo*, São Paulo, n. 1, 3 abr. 1933.

príncipe se afirmava pretendente ao trono restaurado. Em resposta o *Brasil Novo* firmava que o fascismo "só pode florescer à sombra do trono", como em Portugal, com o ditador Carmona. Não nomeou, mas é bastante plausível que tivesse em conta também o fato de Mussolini ter alcançado o poder na Itália governada pelo rei Vitório Emanuel II. Em reforço às suas invectivas, Gervásio Moraes, companheiro de velhas lutas contra o preconceito, execrava os "lacaios do rei" defensores de ideias antiquadas, vinculados à Igreja, e a "pústula social" representada pelo patrianovismo. "Morra o rei!" bradava a autodenominada ala negra esquerdíssima em guerra contra o "frenteveiguismo".[3]

Segundo a avaliação desse grupo, no Brasil, a proposta de restauração monárquica surpreendia por não se tratar de projeto cultivado por "velhos remanescentes do Império, despojados de suas prerrogativas, políticos afastados dos cargos", mas por ser defendido por descendentes dos que sofreram com o cativeiro.[4]

Sob a acusação de defensor de "calculado e espetaculoso ortodoxismo católico", Arlindo foi atacado pelo *Brasil Novo* que condenava a participação da Igreja na política, mediante a Liga Eleitoral Católica, outro inimigo figadal desse jornal, que logo após editar seu primeiro número se uniu aos comunistas. Paralelamente, cresciam as articulações para a fundação da Frente Única Antifascista (FUA) de São Paulo, entre elas a Ala Negra da Bandeira dos 18, organização que congregava os revolucionários de 1922, 1924 e 1930, ou seja comunistas, socialistas e liberais. Foi oficializada em reunião realizada na Lega Lombarda, presidida por Aristides Lobo.

---

3 MORAES, Gervásio. Lacaios do rei. *Brasil Novo*, n. 16, 17 jul. 1933.
4 SANT'ANA, Guaraná de. Para a Gente Negra Ler. Viva o Rei. *Brasil Novo*, n. 1, 3 abr. 1933.

O grupo do *Brasil Novo* integrou a Bandeira dos 18 e logo a seguir a FUA. Em seu *Manifesto ao Povo Brasileiro*, a organização se posicionou contra o fascismo brasileiro, aliado da Igreja Católica, inspirado na vitória de Mussolini e organizador de milícias, além de manifestar repúdio à perseguição desencadeada por Hitler aos judeus na Alemanha.[5]

A campanha contra Arlindo e o patrianovismo respondia à ação da Entente Internationale Anticommuniste (EIA), sediada na Bélgica, associação que havia sido fundada por Théodore Hubert, advogado em Genebra, em 1924. Com a colaboração de Georges Lodygensky, membro da pequena nobreza russa e representante da Cruz Vermelha Imperial Russa na Europa, constituiu uma central para recolher internacionalmente dados sobre o bolchevismo e com eles fundamentar ações anticomunistas.

No *Boletim* publicado em 16 de junho de 1932 a EIA noticiava a existência no Brasil de uma "interessante iniciativa", a FNB, fundada pelo "intelectual negro extremamente popular entre seus compatriotas", o professor Veiga dos Santos, com o objetivo de defender no meio negro "o ideal religioso e patriótico contra a propaganda subversiva dos Sovietes, da qual se observa atualmente uma forte recrudescência". Esta propaganda estaria sendo feita pelo secretariado negro criado por Moscou, e teria como centro de ação a cidade de Hamburgo. A EIA atuava por meio de uma comissão oficiosa, a Pro Deo, que lutava contra os "Sem Deus" por meio de redes políticas e religiosas internacionais. Com esse objetivo, fundou nos anos 1930 uma frente de cristãos, que atuava na dimensão religiosa da luta política.[6]

---

5 Manifesto da Frente Única Antifascista ao Povo do Brasil, de 14/7/1933. *Brasil Novo*, n. 16, 17 jul. 1933.

6 CAILLAT, Michel et all. Une source inedite de l'histoire: les archives de l'Entente Internationale Anticommuniste (EIA) de Théodore Aubert (1924-1950). Varia 31,

A pauta do *Brasil Novo* apresentou grande ressonância do foco da luta da EIA. A ênfase no discurso anti-religioso era uma resposta ao Pro Deo; a ênfase no anti-monarquismo encontrava nos contrarrevolucionários russos, dos quais Lodygensky era representante, adversários a serem vencidos; a denúncia das perseguições aos judeus promovidas por Hitler na Alemanha visava neutralizar a aproximação entre a EIA e a Alemanha nazista, com a finalidade de somar esforços anticomunistas.

Nesse contexto, o patrianovismo e a Frente Negra reuniam condições para serem alvos privilegiados da Frente Antifascista. Os fortes vínculos com o catolicismo, além de sua aproximação com o integralismo, eram suficientes para mantê-los em evidência, especialmente depois de terem sido mencionados pelo Boletim da EIA.

Acresce o interesse da III Internacional sobre a "questão negra". Em 1922, haviam sido apresentadas na Internacional Comunista as Teses sobre a questão negra, que pela primeira vez discutiam o tema no movimento socialista internacional. A discussão, no âmbito da luta anti-imperialista, afirmava que

> A Internacional Comunista, que representa os trabalhadores e camponeses revolucionários do mundo inteiro na sua luta para derrubar o imperialismo, a Internacional Comunista que não é somente a organização dos trabalhadores brancos da Europa e da América, mas também dos povos de cor oprimidos do mundo inteiro, considera que é de seu dever encorajar e ajudar a organização internacional do povo negro

---

Materiaux pour l'histoire de notre temps, 2004, n. 73, pp. 25-31. Anticommuniste (EIA) de Théodore Aubert (1924-1950). Disponível em: <http://www.persee.fr/web/revues/homes/prescript/article/mat_0769_3206_2004_num_73">. Acesso em: 15 jan. 2013.

em sua luta contra o inimigo comum. O problema negro tornou-se uma questão vital da revolução mundial. A Terceira Internacional, que reconheceu as importantes contribuições que podem ser dadas à revolução proletária pelas populações asiáticas dos países semi-capitalistas, encara a cooperação dos nossos camaradas negros oprimidos como essencial para a revolução proletária que destruirá o poder capitalista. É por isso que o 4º Congresso declara que todos os comunistas devem especialmente aplicar ao problema negro as "teses sobre a questão colonial". 6. a) O 4º Congresso reconhece a necessidade de apoiar qualquer forma de movimento negro que vise minar e enfraquecer o capitalismo ou o imperialismo, ou de barrar a sua penetração; b) A Internacional Comunista lutará por assegurar aos negros a igualdade de raça, a igualdade política e social.[7]

A fundação em 1933 dos jornais A *Voz da Raça* e *Brasil Novo* coincidiu com a ofensiva anticomunista e o empenho em igual proporção da frente antifascista que atuou em São Paulo e teve seu ápice em 1934, com o confronto na Praça da Sé. Em sete de outubro desse ano, às vésperas das eleições parlamentares para o legislativo federal e para as constituintes estaduais (quatorze de outubro), integralistas e antifascistas enfrentaram-se numa "batalha" que mobilizou a juventude e intelectuais, com um saldo de cinco mortos O evento fora planejado

---

7   Thèses sur la question nègre. IVº Congrès Internationale Communiste. Disponível em: <http://www.marxists.org/francais/inter_com/1922/ic4_11.htm>. Acesso em: 28 jun. 2009.

para comemorar o lançamento do *Manifesto Integralista* de 1932 com a reunião de militantes para uma demonstração grandiosa da força da AIPB. A FUA organizou então um contra-comício e o resultado foi uma batalha no espaço público, em que as milícias integralistas e a juventude socialista se enfrentaram. É possível que frentenegrinos e patrianovistas também tenham participado do confronto.

A candidatura de Arlindo à Constituinte pode ser interpretada como expressão dessa luta, mais e mais acirrada entre 1933 e 1934. O discurso de Arlindo foi se radicalizando e se desprendeu do monarquismo declarado para chegar à declaração expressa de não estar usando a FNB para a propaganda monarquista. Por outro lado, o discurso defensivo crescia com a denúncia dos "judas da raça", apelido dado aos adversários, identificados como traidores empenhados na ruína dos negros e da nação, que estariam tentando cooptar a FNB para suas ideias revolucionárias ou atrair os negros para a Frente Negra Socialista. No campo das esquerdas, o preconceito e a discriminação vinham sendo inseridos na leitura da luta de classes, que potencializava o sentimento de revolta.

Arlindo não manteria por muito mais tempo o cargo de presidente da FNB, pois sua liderança estava desgastada. Resistiu ainda até julho de 1934, quando deixou o cargo alegando excesso de trabalho, não sem antes reafirmar suas convicções sobre o liberalismo, a democracia, o princípio da autoridade na relação entre governantes e governados.

Nesse contexto, o pleito de três de maio de 1933 foi um divisor porque ali se deu a ruptura entre os irmãos Veiga dos Santos, enfraquecendo o controle de Arlindo sobre a associação. A sequência mostrará que a saída de Isaltino do cargo de secretário geral da FNB, deixando de ser o braço direito de Arlindo, resultou de sua surpreendente adesão às correntes de esquerda, que o levaria à prisão em 1935. O marco da guinada foi um artigo no qual, renegando a interpretação consolidada na FNB, apresentou a abolição como obra dos próprios negros, conforme a versão de esquerda que minimizava o papel de abolicionistas "brancos" e da Princesa Isabel. Em sua leitura, a abolição teria resultado de rebeliões e fugas das senzalas, somadas à atuação das sociedades abolicionistas de que participaram "brancos abnegados". Aos antepassados os negros deviam a abolição. "O resto é conversa", afirmou categoricamente.[8]

A participação de Isaltino na FNB chegou assim a um impasse e em agosto de 1933, apresentou sua demissão do cargo de secretário-geral. Mas saiu festejado, homenageado por seus admiradores que organizaram um sarau dançante na Lega Lombarda para a despedida. A tensão entre o projeto inicial da Frente e a radicalização miliciana se acentuava. Francisco Lucrécio assumiu a partir daí a direção das atividades litero-musicais e os bailes organizados pelas Rosas Negras, na Lega Lombarda, foram cada vez mais valorizados. Tratava-se de bailes "domesticados" onde regras rígidas de conduta impediam os comportamentos considerados desviantes. Animados pelo Jaz Esmero, tiveram afinal a aprovação de Arlindo.[9]

Mas nas entrelinhas do jornal A Voz da Raça percebem-se as fraturas na direção da FNB. Após a saída de Isaltino, foi a vez de Arlindo manifestar a intenção de retirar-se da presidência da entidade, alegando cansaço e falta de tempo, além da necessidade de cuidar de seus próprios interesses. No entanto, a crise foi contornada e ele

---

8 SANTOS, Isaltino V. dos. Liberdade Utópica. A Voz da Raça, n. 9, 13 maio 1933.

9 SANTOS, A. V. dos. Frente Negra, de pé! A Voz da Raça, n. 22, 30 set. 1933. No mesmo número, Negros, de pé para o Brasil e para a Obra.

permaneceu no posto por algum tempo, ao passo que a repressão policial ia fechando o cerco às esquerdas.

Guaraná de Santana era já suspeito perante o DOPS e em doze de abril de 1933 seu prontuário foi acrescido de prisão e declarações sobre suas atividades políticas. Com 44 anos de idade, acabara de fundar o jornal *Brasil Novo* e teve problemas com a censura instalada nos meios de comunicação no governo Vargas. Atribuiu sua prisão a "manobras ardilosas dos irmãos Veiga dos Santos que não se cansam de [o] perseguir". Declarou que "esteve a pique de morrer intoxicado por um litro de óleo cru que bebeu no presídio da Imigração por ordem e conta dos mesmos Veiga dos Santos" e que a

> honrada administração do Doutor Bento Borges pôs termo a esses abusos, logo que teve conhecimento dos mesmos, tendo instaurado inquérito e demitido a bem do serviço público o funcionário que se prestara aos requintes de maldade dos Veiga dos Santos.

Seu depoimento revela, mais do que o envolvimento não comprovado dos irmãos Veiga dos Santos na sua desgraça, os maus-tratos usualmente dispensados pela polícia política aos suspeitos de atividades subversivas, durante a era Vargas. Esclarece também o procedimento censório que se abateu sobre a imprensa e a obrigava a submeter das provas dos jornais à análise prévia, o que ocorreu com *Brasil Novo*, de orientação declaradamente socialista.

Logo que pode, Guaraná foi à revanche: acusou então os irmãos Veiga dos Santos de serem "monarquistas declarados (pátria-louvistas)" e colocou-se como lutador para que os negros não se lançassem "na loucura do pátria-louvismo, isto é, a restauração da monarquia no Brasil".[10] Em defesa de um "socialismo racional" expressou seu programa para um Brasil Novo socialista:

> Atualmente o que pretendemos e pleiteamos, dentro do ponto de vista socialista são: sindicalização das classes, introdução definitiva do cooperativismo em todas as suas modalidades, modificação completa do regime alfandegário, gratuidade do ensino, divórcio a vínculo, Estado Leigo e política internacional pacifista.[11]

Visava abalar a liderança de Arlindo, que acusava de ser "patrianovista inveterado, chefe presuntivo de uma falange inconsciente de negros que anseiam a restauração monárquica no Brasil". As ameaças eram explícitas:

> Nada lhe salvará, nem patrianovismo, nem a falecida ala direita da Frente Negra de São Paulo, nem os processos sórdidos de intrigas e calúnias, nem mesmo o seu calculado e espetaculoso ortodoxismo católico. Os negros do Brasil redimidos pela República Nova, despertaram do sono letárgico que a ignorância e a insensatez os jungia.

A guerra já não mais silenciosa e surda tinha como parceiro e intermediário o DOPS, cuja ação repressiva contra Guaraná e logo

---

10 Termo de declaração de Joaquim Guaraná de Santana, DOPS, 12 abr. 1933, Prontuário Dr. Joaquim Guaraná de Sant'Anna, AESP/DOPS.

11 *Brasil Novo*, n. 1, 17 abr. 1933.

depois, contra Isaltino, foram importantes na construção da trama de acusações, delações, campanhas difamatórias, retaliações e vinganças de parte a parte, cada qual lutando com as armas disponíveis.

Apesar dos confrontos, os católicos conseguiram manter a hegemonia na FNB, pois em 1934 Arlindo deixou a chefia-geral mas continuou muito atuante na entidade, inclusive publicando regularmente artigos de primeira página e poemas na *Voz da Raça*. Preparava a edição de um livro de poesias – *Alma de negro* – que nunca chegou a ser publicado. Respeitado, acolhido e reconhecido, atuava também como um "conselheiro" arcano, um "consultor jurídico" de grande influência. Por meio de sua obra poética continuava a denúncia da situação do negro e a desmascarar as diversas formas de preconceito, inclusive entre negros e mulatos. A poesia *Mulato* condensa muitos desses apelos pela afirmação da identidade de origem negra e aborda a espinhosa questão da mestiçagem num olhar de dentro da negritude, que afirmava o orgulho racial:

> Mulato, para ser bom,
> Precisa ter carapinha.
> É em rigor a condição.
> Mulato sem carapinha
> vem a ser mulato manco:
> não é negro, não é branco...
> é confusão na certinha!
> Mulato, para ser bom
> Precisa ter carapinha!
>
> Conheço muitos mulatos
> em ótima situação.
> Mas é uma gente sem jeito
> nessa dúbia situação.

São brancos... mas de mentira
São negros... mas ninguém tira
de sua boca a confissão...

Conheço muitos mulatos
em ótima situação!
Quando eles passam na rua
Com o seu cabelo liso
– herdeiro da carapinha,
aquele cabelo liso
faz um mal a muita gente
preta e branca, alternamente,
derrotando todo siso,
quando eles passam na rua
com o seu cabelo liso.

Brancos de áfricos avós...
Negros de brancos fingidos...
Seu caráter e seus atos
têm de ser também fingidos.
São meio cá, meio lá...
São meio lá, meio cá...
Falsificados mulatos,
brancos de áfricos avós...
negros de brancos fingidos...

Mulato, para ser bom,
precisa ter carapinha,
ou é falsificação.
Mulato sem carapinha
vem a ser mulato manco:
não é negro... não é branco!...
É confusão, na certinha!

> Mulato, para ser bom,
> Precisa ter carapinha![12]

Enquanto a FNB mantinha salões de beleza que ofereciam serviços de alisamento capilar para ambos os sexos e até anunciava outros estabelecimentos que forneciam o mesmo serviço, Arlindo não descuidava de condenar o branqueamento como ideologia no interior do meio negro e de valorizar o mestiço na composição da nacionalidade.

Desde meados de 1933, começara um movimento de rearranjo na FNB no sentido de reorganizar, reestruturar e recompor forças. Em paralelo aos apelos à união, surgia um movimento "pró-unificação da gente negra" para somar a FNB, a Frente Negra Socialista (chefiada por Manoel dos Passos) e o Clube Negro de Cultura presidido por José Correia Leite e José Teixeira).

Evidentemente Arlindo não concordava com a projetada aliança e deixou de comparecer às duas reuniões realizadas para discussão do assunto, em 27 de setembro e 27 de novembro de 1933. Entre os favoráveis à aliança, Raul Joviano do Amaral, Gervásio Morais, Francisco Lucrécio, Pedro Paulo Barbosa e Aristides Assis Negreiros. A pauta consistia em defesa de igualdade de salários para negros e não negros, fim da discriminação de negros em empregos, diminuição do desemprego, assistência educativa, física e jurídica.

Enquanto isso, Arlindo continuava defendendo "reformas sociais dentro de um espírito cristão", nem capitalismo, nem bolchevismo, enfim, na leitura da luta do negro dissociada da luta de classes na perspectiva de esquerda. A situação por ele considerada específica do Brasil deveria ter uma solução nacional, que passava pela diminuição da concorrência do trabalhador imigrante nas indústrias e no

---

12   A Voz da Raça, 29/04/1933.

mercado de trabalho mais qualificado. Ou seja, a luta dos negros brasileiros não se confundia com a dos demais trabalhadores.

Na trincheira do Brasil nacionalista e cristão, pressionado por companheiros da FNB, a resposta de Arlindo permaneceu a mesma de sempre. Indignado, havia assinado o bombástico artigo "Fogo neles!" (6 janeiro 1933) no qual se desmarcou de Hitler e de sua política voltada para a Alemanha ariana, mas apoiou sua ordem da queima de livros considerados inconvenientes à renovação daquele país, leia-se livros socialistas, anarquistas e comunistas. Acusava, por outro lado, o regime bolchevista de ditatorial, enquanto os regimes da Alemanha e da Itália traziam doutrina "nova e séria". Para o Brasil, reivindicou igual atitude de destruição dos livros "perniciosos", ao mesmo tempo em que propunha a defesa de empregados negros contra os patrões.

Assim terminou mais uma tentativa de cooptação da FNB pelos movimentos de esquerda. Arlindo permaneceu ainda por pouco tempo no cargo de presidente-geral, graças ao peso de sua liderança, mas acabou renunciando à chefia, no momento em que a Frente se solidarizava mais uma vez com o governo Vargas, ao hipotecar apoio ao Partido Constitucionalista que em São Paulo combatia o PRP.

Caderno de Imagens

Imagem 28 - Arlindo Veiga dos Santos, cerca de 1950 (arquivo pessoal da autora).

O Cavaleiro Negro 269

Imagem 29 - Jornal *Chibata*, 1932.

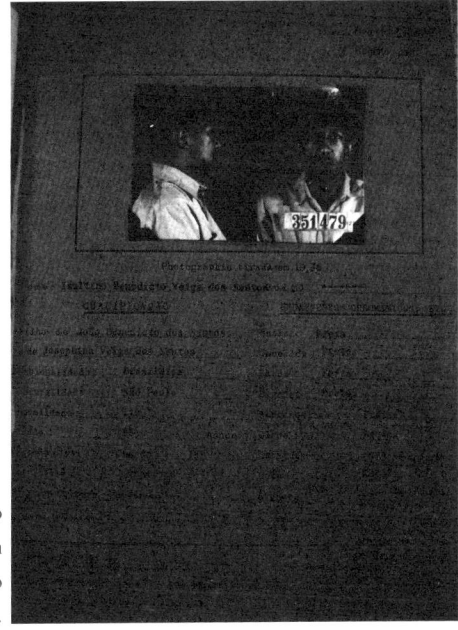

Imagem 30 - Ficha policial de Isaltino Veiga dos Santos, inserida em seu prontuário no DOPS em 1936 (Arquivo Público do Estado de São Paulo).

Imagem 31 - Detalhe da ficha policial de Isaltino Veiga dos Santos, inserida em seu prontuário no DOPS em 1936 (Arquivo Público do Estado de São Paulo).

Imagem 32 - Palestra na Frente Negra Brasileira.

Imagem 33 - Palestra na Frente Negra Brasileira. O orador Justiniano José da Rocha, presidente da entidade é ladeado à esquerda pelo secretário Francisco Lucrécio. O primeiro sentado à direita, defronte à bandeira da FNB, é Arlindo Veiga dos Santos (1934-35).

Capítulo 16 – Novos Rumos: 1934-1937

Após a saída de Arlindo da presidência, em julho de 1934, a FNB passou por algumas transformações. A polifonia, com tanto esforço por ele neutralizada, instalou-se no movimento em São Paulo, tornando-o multifacetado.

A condenação dos sambas e batuques foi amenizada e, na impossibilidade de combater o arraigado hábito de dançar, os bailes foram oficializados por meio do grupo de moças denominado Rosas Negras. Em nome da "moralidade", que como símbolo de distinção era um dos valores mais prezados na Frente, os bailes passaram a ser organizados pela entidade e seus anúncios acolhidos pela *Voz da Raça*, enfim, deixaram de ser considerados atividade marginal e condenável, pois eram um grande atrativo para os associados. Buscava-se evitar o alcoolismo, brigas (que poderiam resultar em intervenção policial) e inconveniências no terreno do relacionamento entre homens e mulheres, de modo que esses eventos passaram a se realizar conforme regras claramente definidas, fora da sede da Rua da Liberdade. O acompanhamento das jovens pelas famílias era muito recomendado como medida de precaução contra desregramentos.

A Lega Lombarda forneceu o principal salão de bailes desta fase da FNB, e já vinha sendo utilizado para solenidades e reuniões diversas da entidade. Mantido pela Sociedade Italiana de Mútuo Socorro, desde 1897, a Lega agrupava italianos de todas as regiões da Itália. Nos anos 1920 e 1930 deu abrigo a grupos políticos de diversas tendências e a presença da FNB no seu salão sinaliza que os ataques à imigração e à presença dos imigrantes em São Paulo só tinham sentido pela concorrência no mercado de trabalho, não envolvendo preconceito de raça. Mesmo porque nos anos 1930 a Lega Lombarda e muitas sociedades italianas em São Paulo passaram a admirar a ascensão de Mussolini na Itália.

Nesse período de novos rumos, entre 1934 e 1935, a FNB alcançou sua maior expansão pelo interior do estado de São Paulo, com a instalação de delegações em Ipauçu, Vargem Grande, Itapetininga, Tietê, Amparo, Porto Feliz, São José do Rio Pardo, São José do Rio Preto, Mococa, Coroados, Penápolis, Araçatuba, Brotas, Ribeirão Preto, Birigui e Campos Novos. Hoje há grande dificuldade em avaliar o número de filiados e a duração desses núcleos, cuja existência foi noticiada pela *Voz da Raça*.

Embora permanecesse como "consultor jurídico", Arlindo deixara de ser alvo principal dos ataques dos adversários da FNB, pois outros respondiam pela direção: Justiniano Costa (presidente) e Francisco Lucrécio (secretário), menos intransigentes nas negociações com outros grupos do movimento negro. Na direção da *Voz da Raça*, Deocleciano Nascimento e Raul Joviano do Amaral garantiam uma postura contemporizadora e conciliadora. Nem por isso a projetada confederação das entidades chegou a se realizar em 1934 e a persistência da milícia comandada por Raul Joviano do Amaral e Mário da Silva Junior sinalizava que as mudanças não haviam alterado ainda as práticas políticas da associação.

Arlindo passou a publicar balanços pouco animadores sobre a situação da FNB após sua saída da presidência, desiludido com a entidade e a nova fase onde identificava inação, silêncio e disputas entre os que pretendia dar-lhe novo rumo: "Gritam e esbofeteiam-se uns negrinhos apressados que querem atirar-se a enormes empresas, sem terem lastro interior".[1] No mínimo dez anos de idade separavam os que eram da "velha guarda" dos "novos". Aos 32 anos de idade, Arlindo sentia-se desalojado pelos portadores de novos projetos.

No entanto, permanecia alerta e pronto a intervir. Sua influência ainda era considerável, mesmo que afastado do principal cargo diretivo. Seus artigos apareciam amiúde na primeira página do jornal e participava de solenidades em posição destacada, em geral como orador. Nas domingueiras, continuava a fazer as "doutrinações sociais" que praticava desde a fundação da entidade. Não sem mágoa e ressentimento, lançava desafios aos novos dirigentes "veremos, de futuro, quem tem razão". Era-lhe penoso estar destituído do poder de que desfrutara até então e que mantivera com mão férrea, silenciando ou afastando os descontentes e adversários. Irônico e provocativo, semeava suas poesias pelo jornal, muitas delas com endereço certeiro, os que dele divergiam. *Doutor Fabiano* é bastante significativa e dá o que pensar sobre o alvo do seu versejar cáustico:

DOUTOR FABIANO

O filho da lavadeira,
neto do Jango Africano,

---
[1] SANTOS, A. V. dos. A obra frentenegrina. *A Voz da Raça*, 31 ago. 1935.

> graças à muita canseira
> da mãe que o teve em escolas,
> agora é "doutor Fabiano".
>
> Doutor Fabiano, o mulato
> de cabelos carapinhos,
> já esqueceu o antigo fato...
> Diz que procede da tribu
> duns tais índios "Ribeirinhos".
>
> Alisou a carapinha
> que hoje está desta maneira...
> E diz, a qualquer gentinha
> que lhe pergunta as origens,
> que é filho de fazendeira ...
>
> O filho da lavadeira,
> neto do Jango Africano,
> desprezou a mãe obreira.
> Agora é filho de bugre
> e atende: "doutor Fabiano".

Em 22 de outubro de 1935, em meio à crescente mobilização que antecedeu o levante comunista de 23 a 27 de novembro, a FNB ocupou as ruas novamente, em romaria cívica retumbante, a pretexto de comemorar seu quarto aniversário. A passeata tinha um grupo de abre-alas formado por guardas civis, crianças carregando bandeiras da associação, seguidas por moças e homens que percorreram as ruas do centro e adentraram os cemitérios entoando o Canto da Gente Negra Brasileira.

A rebelião da Aliança Nacional Libertadora com vistas à tomada do poder em novembro de 1935 durou apenas quatro dias, mas sua derrota pelas armas motivou intensa reação por parte do governo.

Prisões multiplicaram pelo país e inúmeros militantes, simpatizantes ou suspeitos foram submetidos a interrogatórios. O golpe de Estado de novembro de 1937 pôs fim a esse confronto mas desde a promulgação do estado de sítio e da Lei de Segurança Nacional, em 1935, de fato, começava a ditadura com a suspensão dos direitos individuais e a implacável perseguição a comunistas e socialistas. O governo Vargas eliminava os adversários e preparava o terreno para uma nova configuração do poder, que silenciou a oposição. Intelectuais, sindicalistas e simpatizantes do comunismo foram alcançados pela mão repressora.

Em São Paulo, o local de destino dos presos políticos foi a antiga fábrica de tecidos Maria Zélia, onde surpreendentemente foi encarcerado Isaltino Veiga dos Santos.[2] Desde seu desligamento da FNB, em 1933, passou a procurar outros ambientes para exercer atividades teatrais e jornalismo, acabando por se empregar no jornal *A Plateia*, na época conduzido por jornalistas de esquerda. Desde então, inseriu-se na militância junto aos comunistas e envolveu-se na campanha da Aliança Nacional Libertadora (ANL) para obter apoio da população negra ao levante. Com esse objetivo, a ANL organizou em treze de maio de 1935 um ato comemorativo da abolição, no qual promoveu um chamado de combate ao racismo. Em cinco de julho do mesmo ano, um manifesto de Luís Carlos Prestes defendia liberdades civis e a igualdade racial.

A ANL foi alvo da repressão do governo Vargas, passando à ilegalidade, fato que motivou em novembro sua substituição por uma organização de fachada, a Frente Popular pela Liberdade, no Rio de Janeiro. Assinaram seu manifesto de lançamento o general Miguel Costa, o coronel Colombo de Melo Matos, Danton Vampré, Caio

---

2 DOMINGUES, J.P. "Constantemente derrubo lágrimas": o drama de uma liderança negra no cárcere do governo Vargas. Topoi, v. 8, n. 14, jan.-jun. 2007, p. 146-171.

Prado Junior, José Maria Gomes, Waldemar Rangel Belfort de Mattos e Isaltino Veiga dos Santos.

Abrira-se uma nova rede de sociabilidades políticas para Isaltino e um novo engajamento, no qual ele parecia renunciar aos ideais que defendera anteriormente na FNB, exceto o principal, o combate ao racismo e à discriminação. Seu ativismo e principalmente a assinatura no manifesto atraíram a atenção da polícia política e ele foi preso pelo DOPS em 27 de novembro de 1935, ainda durante o embate entre a ANL e as forças da legalidade. No presídio, seu destino não foi diferente dos demais presos políticos, sujeitos a espancamentos e maus tratos para que confessassem participação no movimento insurrecional. Os prontuários policiais revelam além de tentativas feitas para sua libertação, fragmentos dessa trajetória, na qual se destaca o empenho de Arlindo em defesa do irmão. Passava por cima de divergências que haviam motivado sua saída, quase expulsão da FNB, para defender laços de família, já que Isaltino, casado e pai de dois filhos, encontrava-se também em dificuldades financeiras.

A defesa insistiu nos vínculos de Isaltino com a Frente Negra, a religião e o monarquismo, na sua revolta motivada pelo preconceito que sofria no mercado de trabalho. "O preconceito de cor no Brasil, só nós os negros, podemos sentir" era o dístico por ele criado para o jornal *A Voz da Raça* e agora novamente evocado. Isaltino foi apresentado como apenas mais uma das vítimas do preconceito que gerava revolta e simpatia a propostas que oferecessem uma solução, ainda que de esquerda, equivocadas, portanto, segundo os argumentos apresentados.

Em várias cartas enviadas a Egas Botelho, Superintendente da Ordem Política e Social de São Paulo, Isaltino apresentou argumentos para tentar comprovar sua inocência. Negou sempre ser comunista, pelo contrário, nota-se nos documentos de seu prontuário uma desesperada tentativa de descolamento da Aliança Nacional Libertadora. Chegou mesmo a afirmar, nisto secundado pelo irmão e por Armando Francisco Soares Caiuby, delegado de repressão à vadiagem, que teriam ambos os irmãos feito parte da Liga Anticomunista em 1932-33, e ajudado na repressão aos comunistas.

Isaltino e Arlindo mobilizaram redes de sociabilidades para alcançar sua libertação, seja pedindo testemunho favorável do delegado Caiuby seja apresentando como referências membros da Pátria-Nova reconhecidos no meio intelectual católico, como os irmãos Joaquim e Paulo Dutra da Silva e o advogado José Carlos de Ataliba Nogueira. Segundo o prontuário, o deputado integralista João Carlos Fairbanks leu na tribuna da Assembleia Legislativa de São Paulo carta de Isaltino alegando inocência e pedindo sua libertação. Caiuby escreveu carta a Egas Botelho, pedindo em nome da amizade entre ambos a libertação de Isaltino, pois conhecia a família Veiga dos Santos desde Itu. Percebe-se nos documentos que compõem o prontuário as redes de sociabilidade em que se inseriram os irmãos e sobretudo Arlindo, ligado a alguns dos testemunhos por meio do ativismo monarquista, que acionou para tentar obter a liberdade do irmão.

Em diversos documentos Isaltino afirmou ser vítima de perseguição pelos demais presos, tendo por isso que ser transferido para uma cela solitária. Alegou ter se negado a participar de planos de fuga e a comemorar o 1º de maio com um comício que seria feito no presídio pelos presos políticos. A incompatibilidade entre Isaltino e os presos da ANL fica também evidenciada pelo fato de que no pedido de *habeas corpus* impetrado pela lista de presos de que constava Caio Prado Júnior, ele foi esquecido. Ou seja, não foi acolhido pelos grupos de esquerda, não foi reivindicado como "um dos nossos", sua defesa esteve nas mãos da rede de sociabilidade ligada ao catolicismo e à Pátria Nova. Nem mesmo a nova direção da FNB o defendeu, naqueles tempos difíceis.

Cartas de recomendação anexadas ao processo constituíram tentativas de inocentá-lo e foram portadoras de uma verdade na qual se procurava fazer os meios policiais acreditarem. Nesses documentos, a Frente Negra e a Pátria Nova aparecem conectados e a saída de Isaltino da FNB foi objeto de explicações contraditórias. Em depoimento dado alguns dias após a prisão, obtido mediante interrogatório, que deveria realizar-se às "21 horas" conforme registrado no processo do dia 6 de dezembro de 1935, declarou ter saído da Frente por discordar de sua orientação política monarquista, na forma como era conduzida por seu irmão. Negou ser partidário tanto do fascismo como do comunismo, por ser contra "todo o regime de opressão e violência" e, mais ainda, pesava nessa argumentação a guerra da Itália contra a Abissínia, que considerava sua "pátria mãe".[3]

Para inocentá-lo, insistiu em seu testemunho ser o irmão monarquista e patrianovista, portanto sem periculosidade para a nação. Teria sido infiltrado na Frente Popular, reconhecido como tal no presídio e por isso perseguido pelos demais presos.[4] A argumentação da defesa foi sendo construída inicialmente com a negativa pura e simples de filiação às ideias e organizações de esquerda, até a identificação em campo oposto como agente infiltrado.

Os apelos de Isaltino pela liberdade, ainda que condicional, sempre com protestos de inocência, não foram atendidos. Provavelmente a acusação de ser organizador da Federação dos Negros do Brasil justificou a decisão. Pesou também a acusação, por ele negada, de fazer

---

3   Depoimento de Isaltino V. dos Santos ao Juiz Comissário, 6 dez. 1935.
4   Carta de Arlindo Veiga dos Santos a Egas Botelho, superintendente da Ordem Política e Social, São Paulo, 20 jun. 1936.

propaganda política no Sindicato Unitivo dos Ferroviários da Central do Brasil. Percebe-se que além de revisor do jornal A *Plateia*, Isaltino foi também ativista e realizou panfletagem nos bairros operários, participou de reuniões na sede do Partido Socialista Brasileiro, fato que despertou desde setembro de 1935 a atenção do DOPS, quando passou a ser campanado. Foi liberto em 24 dezembro de 1936, mais de um ano após a prisão, para responder ao processo em liberdade vigiada e foi afinal absolvido pelo Tribunal de Segurança Nacional em sentença de 21 de dezembro de 1938.

No jornal A *Voz da Raça*, nenhum artigo informou os leitores sobre o drama de Isaltino, que atingiu também Arlindo. Apenas uma referência codificada pode ser encontrada, com a publicação de matéria sobre a morte de um gato preto. Como tudo é muito escorregadio nesse jornal, as mensagens cifradas são de difícil interpretação e constroem infinitos jogos de espelho que somente os contemporâneos mais enfronhados nas disputas podiam compreender, em pilhérias, ataques e contra-ataques sutis e camuflados.

É o caso do vocal *SEXTA-FEIRA (Macumba)*, atribuído a Aristides Teixeira e publicado no mesmo dia que registrou a derrota de Arlindo pelos que propunham a Federação das Associações Negras de São Paulo. Tudo leva a crer que a linguagem propositadamente estropiada tripudiava brejeiramente, pois a FNB enfim se rendera às pressões de outros grupos e para eles abrira as colunas de seu jornal. Preparava-se o caminho para a fundação de um partido político de negros, no início de 1936, já sem a influência de Arlindo, provavelmente o gato morto satirizado:

Solista:
No dia de Sexta Feira
Perto duma incluziada

Gato preto tava morto
Coa cabeça esmigaiada
Coro: A.
Solista: Nunca mais eu passei lá
Coro: Na Sexta Feira
Solista: Já mudei o meu caminho
Coro: Na Sexta Feira
Solista
Noutro dia à meia noite
Passei no mesmo lugá
Encontrei um esqueleto
Inliado num jorná
Coro: A.........
Solista:
Nunca mais eu passei lá
Coro:
Na sexta-feira
Solista:
Já mudei o meu caminho
Coro:
Na Sexta Feira
Solista:
No dia mais consagrado
Que é Sexta Feira Maió
Vi na mesma incruziada
A moamba no lençó.[5]

---

5   *A Voz da Raça*, jun. 1936.

CADERNO DE IMAGENS

Imagem 34 - Arlindo Veiga dos Santos e D. Pedro Henrique de Orleans e Bragança (arquivo pessoal da autora).

Imagem 35 - Grupo da Pátria-Nova com o príncipe D. Pedro Henrique de Orleans e Bragança (arquivo pessoal da autora).

O DESFECHO DE UMA MILITÂNCIA

Desde que se retirou da presidência da FNB, Arlindo Veiga dos Santos continuou atuante na entidade, dirigida por Justiniano Costa (presidente), Francisco Lucrécio (secretário) e João de Souza (tesoureiro). Sua presença foi constante até o fim da entidade em 1937, com a publicação de artigos assinados e poesias no jornal que fundara. Respeitado, acolhido e reconhecido, atuava também como um "conselheiro" arcano, um "consultor jurídico" de grande influência. Preparava a edição de um livro de poesias – *Alma de negro* – que nunca chegou a ser publicado, o que leva o pesquisador a ler os números dos jornais à procura dessa produção de certo modo desconhecida. Por meio de sua obra poética continuava a denúncia da situação do negro e a desmascarar as diversas formas de preconceito, inclusive entre negros e mulatos.

Nas ocasiões solenes estava sempre presente às reuniões e ministrava palestras, logo transcritas no jornal *A Voz da Raça*. O *Hino / Canto da Gente Negra*, cuja letra é de sua autoria, continuou a ser divulgado e cantado nas reuniões, tanto na sede como nas manifestações de rua, bem como não deixou de ser lembrado o *Canto da Criança Frentenegrina* nas páginas de *A Voz da Raça*. Nessas ocasiões, por vezes reverenciava a memória da Princesa Isabel, a Redentora e de Zambi (Zumbi), que identificava como rei do estado Palmarino. Até a extinção da FNB, em 1937, em decorrência do Estado Novo, esse jornal anunciou o mesmo lema: "Deus, Pátria, Raça e Família", que havia sido criado no momento da fundação da entidade. Continuou a atuar também na AIPB, que se tornou sua principal atividade política, retomada após a redemocratização em 1945.

Na vida profissional, além de professor em ginásios, lecionou na PUC de São Paulo, na Faculdade de Filosofia de Lorena (SP), na Faculdade de Ciências Econômicas do Sagrado Coração de Jesus (SP) e na Faculdade de Filosofia da Universidade Católica de Campinas.

Na memória da população paulistana foi conservado por ter dado o nome a uma rua em Santo Amaro e a uma escola municipal de educação infantil, a EMEI prof. Arlindo Veiga dos Santos, situada à Avenida Félix Alves Pereira, 9, Jardim Centenário. Na memória ituana, foi consagrado também pelo nome dado a uma rua.

Em suma, o retorno à construção de sua memória acompanha o crescimento do movimento negro atual que procura melhor conhecer sua história e nela a FNB ocupa lugar destacado.

FONTES E BIBLIOGRAFIA

OBRAS DE ARLINDO VEIGA DOS SANTOS

"Dia da Raça". *La Nación*, São Paulo, 24/11/1936.

Evocando o passado (em colaboração). São Paulo: Congregação da Imaculada Conceição de São Luiz de Gonzaga do Curato da Sé, 1940.

Os filhos da cabana, II. São Paulo: Livr. Editora Salesiana, 1923.

Contra a corrente. São Paulo: Pátria-Nova, 1931.

Manifesto à Gente Negra Brasileira (folheto). São Paulo, 02/12/1932.

O comando patrianovista (folheto). São Paulo, 01/12/1933.

"A intervenção do Estado". *Revista do Instituto de Direito Social*. São Paulo, 4, 1940, p. 111-113.

"Trailer" literário de *Incenso da minha miséria* (folheto). São Paulo, 1941.

Ecos do Redentor (folheto). São Paulo: Ed. Anchieta, 1942.

Brasileiros, às armas (folheto). São Paulo, 1943.

A lírica de Luís Gama (folheto). São Paulo, 1944.

O esperador de bondes. São Paulo, 1944.

As raízes históricas do Patrianovismo. São Paulo: Pátria-Nova, 1946.

Orgânica Patrianovista (em colaboração). São Paulo: Pátria-Nova, 1950.
"De re Thomistica". *Reconquista*. São Paulo, I (3), 1950, p. 199-204.
"Vamos à reconquista". *Reconquista*. São Paulo, I (1), 1950, p. 9-13.
"Roubo de Europa". *Reconquista*. São Paulo, III (2/3), 1952, p. 137-149.
Satanás (poema profético). São Paulo, 1932.

Prontuários DEOPS-AESP

Prontuário 2018 – Isaltino Veiga dos Santos.
Prontuário 49748 /3405 – Arlindo Veiga dos Santos.
Prontuário 1538 – Frente Negra Brasileira.
Prontuário 40455 – Ação Imperial Patrianovista.
Prontuário 127390 – Raul Joviano do Amaral.
Prontuário 106161 – José Correia Leite.
Prontuário 2466 – Octávio Hardy da Silva.
Prontuário 2029 – Joaquim Guaraná de Sant'Anna.
Prontuário 40509 – Federação Nacional dos Negros do Brasil.

Jornais

Chibata. São Paulo, fevereiro de 1932. (AESP).
O Clarim d'Alvorada. São Paulo, (CEDIC/PUCSP).
Progresso. São Paulo, de 23/06/1928 a agosto de 1932 (CEDIC/PUCSP).
Brasil Novo. São Paulo, 1933 (CEDIC/PUCSP).

ENTREVISTAS

Antônio Paim Vieira, 09/12/1977.

Ary Monteiro, 12/07/1978.

Avedis Demercian, 13/07/1978.

Benjamin de Salles Arcuri, 11/07/1978.

Jeronymo Ricardo de Matos, 30/10/1976.

Joaquim Paulo Dutra da Silva, 02/04/1977.

José Carlos de Ataliba Nogueira, 04 /11/ e 09/12/1977.

José de Oliveira Linho, 24/04/1977.

Hermes Di Ciero, 08/11/1976.

REFERÊNCIAS BIBLIOGRÁFICAS

ALBERTO, Paulina L. *Terms of inclusion. Black intellectuals in Twentieth-Century Brazil.* The University of North Carolina Press, 2011.

ANDREWS, George Reid. *Negros e brancos em São Paulo (1888-1988).* Bauru: EDUSC, 1998.

_____. "O protesto político negro em São Paulo – 1888-1988". *Estudos Afro-Asiáticos*, (21): 27-48, dezembro de 1991, p. 27-48.

ARAUJO, Márcia. *A Escola da Frente Negra Brasileira na cidade de São Paulo.* Dissertação de Mestrado em Educação, FEUSP, 2008.

ATHAYDE, Tristão de. "Pátria-Nova". *O Jornal.* Rio de Janeiro, 29/9/1929.

BARBOSA, Marcio (org.). *Frente Negra Brasileira: depoimentos.* São Paulo: Quilombhoje, 1998.

CAILLAT, Michel et all. "Une source inedite de l'histoire: les archives de l'Entente Internationale Anticommuniste (EIA) de Théodore Aubert (1924-1950)". *Varia 31, Materiaux pour l'histoire de notre temps*, 2004, n. 73, pp. 25-31. Disponível em: www.persee.fr/web/revues/homes/prescript/article/mat_0769_3206_2004_num_73. Acesso em: 15 jan. 2013.

CARNEIRO, Maria Luiza T. e KOSSOY, Boris. *A imprensa confiscada pelo DEOPS (1924-1954)*. São Paulo: Ateliê Editorial; Imprensa Oficial do Estado de São Paulo; Arquivo do Estado de São Paulo, 2003.

CARONE, Edgar. *A República: Velha instituições e classes sociais*. São Paulo: DIFEL, 1972.

CARVALHO, Gilmar Luiz. *A Imprensa Negra Paulista entre 1915 e 1937: características, mudanças e permanências*. Dissertação de Mestrado, FFLCH/USP, São Paulo, 2009.

CARVALHO, José Murilo de. *Os bestializados*. São Paulo: Companhia das Letras, 2000.

CASTRO, R. T. "A Frente Única Antifascista (FUA) e o antifascismo no Brasil (1933-1934)". *Topoi*, dez. de 2001, p. 354-388.

CORTES, André de Oliveira. *Quem é a "Gente Negra Nacional"? Frente Negra Brasileira e A Voz da Raça (1933-1937)*. Dissertação de Mestrado, - UNICAMP, IFCH/ PPGH, Campinas, 2006.

COSTA, A. Augusto da (org.). *Portugal: vasto Império*. Lisboa: Imprensa Nacional, 1943.

DOMINGUES, Petrônio. "Constantemente derrubo lágrimas: o drama de uma liderança negra no cárcere do governo Vargas". *Topoi*, v. 8, n. 14, jan-jun. 2007, p. 146-171.

_____. "Frentenegrinas: notas de um capítulo da participação feminina na história da luta anti-racista no Brasil". *Cadernos Pagu*, n. 28, jan.-jun. 2007, Campinas, p. 345-374.

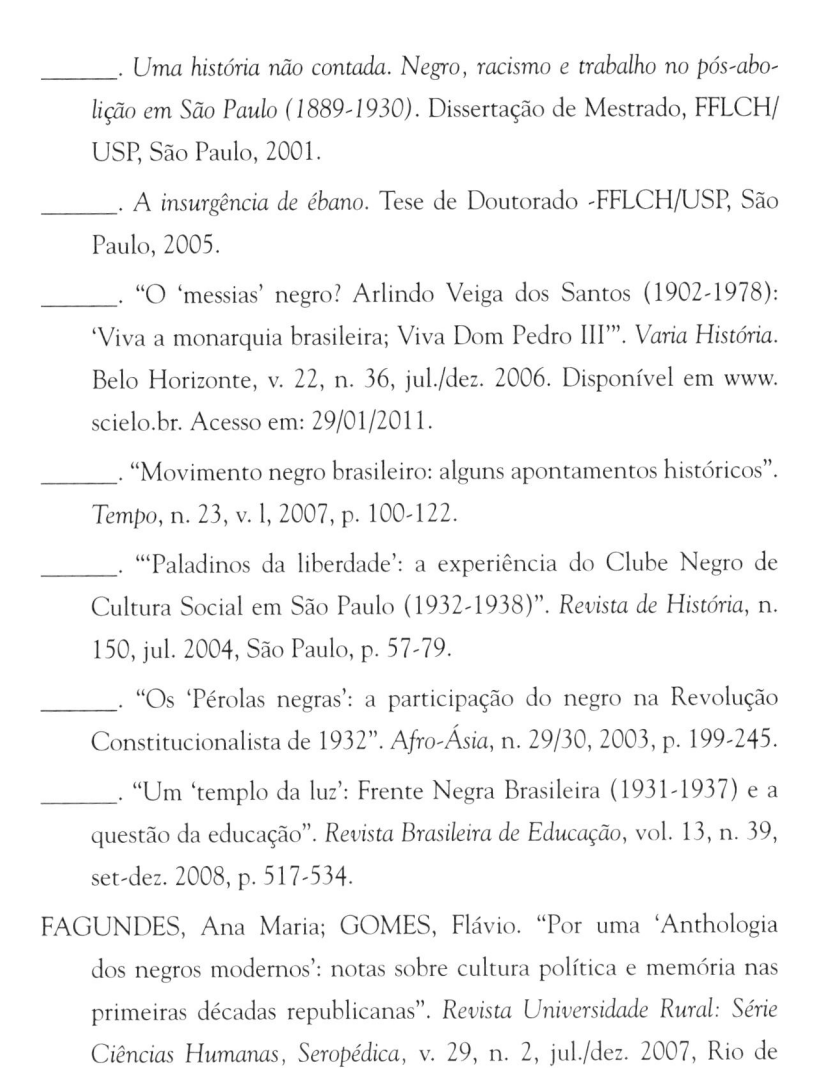

_____. *Uma história não contada. Negro, racismo e trabalho no pós-abolição em São Paulo (1889-1930)*. Dissertação de Mestrado, FFLCH/USP, São Paulo, 2001.

_____. *A insurgência de ébano*. Tese de Doutorado -FFLCH/USP, São Paulo, 2005.

_____. "O 'messias' negro? Arlindo Veiga dos Santos (1902-1978): 'Viva a monarquia brasileira; Viva Dom Pedro III'". *Varia História*. Belo Horizonte, v. 22, n. 36, jul./dez. 2006. Disponível em www.scielo.br. Acesso em: 29/01/2011.

_____. "Movimento negro brasileiro: alguns apontamentos históricos". *Tempo*, n. 23, v. l, 2007, p. 100-122.

_____. "'Paladinos da liberdade': a experiência do Clube Negro de Cultura Social em São Paulo (1932-1938)". *Revista de História*, n. 150, jul. 2004, São Paulo, p. 57-79.

_____. "Os 'Pérolas negras': a participação do negro na Revolução Constitucionalista de 1932". *Afro-Ásia*, n. 29/30, 2003, p. 199-245.

_____. "Um 'templo da luz': Frente Negra Brasileira (1931-1937) e a questão da educação". *Revista Brasileira de Educação*, vol. 13, n. 39, set-dez. 2008, p. 517-534.

FAGUNDES, Ana Maria; GOMES, Flávio. "Por uma 'Anthologia dos negros modernos': notas sobre cultura política e memória nas primeiras décadas republicanas". *Revista Universidade Rural: Série Ciências Humanas*, Seropédica, v. 29, n. 2, jul./dez. 2007, Rio de Janeiro, p. 72-88.

FERNANDES, Florestan. *A integração do negro na sociedade de classes*, v. II. São Paulo: Edusp, 1965.

FERRARA, Miriam Nicolau. *A imprensa negra paulista (1915-1963)*. São Paulo: FFLCH/USP, 1986 (Antropologia, 13).

FERREIRA, Maria Cláudia Cardoso. "Espaços de sociabilidade e ações anti-racismo no cotidiano das elites negras na cidade de São Paulo: busca por projeção individual e legitimidade de grupo (1900-1940)". *Mosaico*. Revista do PPGHPBC/CPDOC/FGV, n. 3, ano II. Disponível em: cpdoc.fgv.br/mosaico. Acesso em: 07/07/2011.

FIGUEIREDO, Jackson de. *A coluna de fogo*. Rio de Janeiro: Centro D. Vital, 1925.

GOMES, Arilson dos Santos. *A formação do Oásis: do movimento frentenegrino ao Primeiro Congresso Nacional Negro em Porto Alegre - RS (1931-1958)*. Dissertação de Mestrado, PUCRS, Porto Alegre, 2008.

GOMES, Flávio. *Negros e política (1888-1937)*. Rio de Janeiro: Jorge Zahar Ed., 2005.

GONÇALVES, Luiz Alberto Oliveira; SILVA, Petronilha Beatriz Gonçalves e. "Movimento negro e educação". *Revista Brasileira de Educação*, n. 15, set.-dez./ 2000, p. 134-158.

GUIMARÃES, Cristiane. "A cartilha dos jesuítas". *Campo & Cidade*. n. 52, jan. 2008, Itu, p. 30-34.

JANOTTI, Maria de Lourdes Mônaco. *Os subversivos da República*. São Paulo: Brasiliense, 1986.

KOGURUMA, Paulo. "A saracura: ritmos sociais e temporalidades da metrópole do café (1890-1920)". *Revista Brasileira de História*, v. 19, n. 38, 1999, p. 81-99.

LEITE, José Correia. *...E disse o velho militante José Correia Leite*. Organização e textos de Luiz Silva (Cuti). São Paulo: Secretaria Municipal de Cultura, 1992.

MAIA, Pedro Américo (Pe.). *História das Congregações Marianas no Brasil*. São Paulo: Loyola, 1992.

MICELLI, Sérgio. Intelectuais e classe dirigente no Brasil. São Paulo: DIFEL, 1979.

MILZA, Pierre. *Mussolini*. Rio de Janeiro: Nova Fronteira, 2011.

MOURA, Clóvis. *Dialética radical do negro*. São Paulo: Editora Anita, 1994.

_____. *Sociologia do negro brasileiro*. São Paulo: Ática, 1988.

NEDER, Gizlene. "História das ideias e sentimentos políticos em Portugal na virada para o século XX". *Anais do XV Encontro regional de História da ANPUH*, 2012. Disponível em: www.encontro2012.rj.anpuh.org/resources/anais/15/1338428104. Acesso em: 20 dez. 2012.

OLIVEIRA, André Côrtes de. *Quem é a "Gente Negra Nacional"? Frente Negra Brasileira e A Voz da Raça (1933-1937)*. Dissertação de Mestrado, UNICAMP/IFCH/Programa de Pós-graduação em História, Campinas, 2006.

OLIVEIRA, Laiana Lannes de. *A Frente Negra Brasileira: política e questão racial nos anos 1930*. Dissertação de Mestrado, UERJ, IFCS/Programa de Pós-Graduação em História, Rio de Janeiro, 2002.

PEREIRA, João Batista Borges. "Diversidade e pluralidade: o negro na sociedade brasileira". *Educação, Infância e Cidadania*. São Paulo, /FFLCH/USP. Disponível em: <www.rumoratolerancia.fflch.usp.br/node/4>. Acesso em: 6 fev. 2011.

PEREIRA, Viviane e MORENO, Montserrat. *Colégio São Luís 140 anos: a educação e os jesuítas no Brasil*. São Paulo: Tempo & Memória, 2007.

PINTO, Regina Pahim. "A Frente Negra Brasileira". *Cultura Vozes*, n. 4, jul./ago. 1996, pp 45-59.

_____. *O movimento negro em São Paulo: luta e identidade*. Tese de Doutorado, USP/FFLCH/ Programa de Pós-Graduação em Antropologia, São Paulo, 1993.

PIRES, Antônio Liberac Cardoso Simões. *As Associações dos Homens de Cor e a Imprensa Negra Paulista. Movimentos negros e cultura política no Brasil Republicano (1915 a 1945)*. Belo Horizonte: Editora Gráfica Daliana, 2006.

RICCI, Maria Lúcia de Souza Rangel. *Guarda-negra: perfil de uma sociedade em crise*. Campinas, s.c.e., 1990.

ROLNIK, Raquel. "Territórios negros nas cidades brasileiras (etnicidade e cidade em São Paulo e Rio de Janeiro)". *Estudos Afro-Asiáticos*, 17, 1989. Disponível em: http://www.usp.br/srhousing/rr/docs/territorios_negros_nas_cidades_brasileiras.pdf. Acesso em: 15/10/2011.

SALGADO, Plínio (obra coletiva). São Paulo: Revista Panorama, 1936.

_____. *O Integralismo Brasileiro perante a Nação*. Lisboa: Oficina Gráfica, 1946.

SANTOS, Pedro de Souza. *Cidadania e educação dos negros através da imprensa negra em São Paulo (1915-1937)*. Dissertação de Mestrado, Universidade São Francisco, Programa de Pós-Graduação em Educação, Atibaia, 2007.

SARDINHA, António. *Ao princípio era o verbo*. Lisboa: Ed. Restauração, 1949.

SEVCENKO, Nicolau. *Orfeu extático na metrópole. São Paulo - sociedade e cultura nos frementes anos 20*. São Paulo: Companhia das Letras, 1992.

SIRINELLI, Jean-François. "Os Intelectuais". In: RÉMOND, René (org.). *Por uma história política*. 2.ed., Rio de Janeiro: Fundação Getúlio Vargas, 2003, p. 231-270.

AGRADECIMENTOS

Agradecimentos correm sempre o risco de ser incompletos e a lista neste caso é longa. A Antônio Aprígio Pereira, grande incentivador e colaborador neste remexer nos guardados e na memória para dar a Arlindo Veiga dos Santos o destaque de uma liderança apagada pelo tempo. A Bruno de Cerqueira e ao Instituto D. Isabel I, interlocutores constantes nesta pesquisa em que o garimpo de fontes nem sempre revelou a pepita desejada. A Armando Alexandre dos Santos pelas referências completadas com o material encontrado em seu arquivo pessoal e disponibilizado para consulta. Por meio dele foi possível contar com a colaboração do historiador português D. Marcus de Noronha da Costa, que de Portugal e de Ponta Delgada, em São Miguel dos Açores, com grande generosidade enviou material abrigado em seus arquivos. Nilo Barreto Junior, com igual desprendimento, colaborou na busca de documentos e na configuração do tema tal como aqui abordado; não hesitou em lembrar a gesta de Arlindo para sugerir a figura do cavaleiro medieval atualizado no século XX, como aliás ele pensou a política no contexto do entreguerras. E, mais recuados no tempo, aos patrianovistas da velha e da nova geração, hoje presentes apenas na memória: Joaquim Paulo Dutra da Silva,

Antônio Paim Vieira, Hermes Di Ciero, José Pedro de Souza Galvão, José de Oliveira Pinho, Benjamin de Salles Arcuri, Jerônimo Ricardo de Matos, Ary Monteiro e Avedis Demercian, que forneceram preciosos documentos e entrevistas. A Lincoln Etchébehére por abrir veredas das Congregações Marianas.

E, por fim, a Walkiria Malatian, pela versão em inglês de textos necessária aos trâmites editoriais.

Esta obra foi impressa em São Paulo pela Gráfica Graphium no inverno de 2015. No texto, foi utilizada a fonte Goudy em corpo 10,5 e entrelinha de 15,75 pontos.

Impresso por :

gráfica e editora

Tel.:11 2769-9056